本书为湖南省教育厅重点课题“高质量发展战略背景下湖南民营企业技术创新与转型升级路径研究”（18A388）和邵阳市科技计划项目“新常态下邵阳民营企业科技创新与民营经济转型升级研究”（2018NS20）的阶段性研究成果

新时代区域经济高质量发展研究

——以邵阳为例

XINSHIDAI QUYU JINGJI
GAO ZHILIANG FAZHAN YANJIU
—— YI SHAOYANG WEILI

郭建华 著

西南财经大学出版社
Southwestern University of Finance & Economics Press
中国·成都

图书在版编目(CIP)数据

新时代区域经济高质量发展研究——以邵阳为例/郭建华著.—成都:西南财经大学出版社,2020.11
ISBN 978-7-5504-4630-4

Ⅰ.①新…　Ⅱ.①郭…　Ⅲ.①区域经济发展—研究—邵阳
Ⅳ.①F127.643

中国版本图书馆 CIP 数据核字(2020)第 219421 号

新时代区域经济高质量发展研究——以邵阳为例
郭建华　著

责任编辑:李晓嵩
责任校对:杜显钰
封面设计:何东琳设计工作室
责任印制:朱曼丽

出版发行	西南财经大学出版社(四川省成都市光华村街 55 号)
网　　址	http://www.bookcj.com
电子邮件	bookcj@foxmail.com
邮政编码	610074
电　　话	028-87353785
照　　排	四川胜翔数码印务设计有限公司
印　　刷	四川五洲彩印有限责任公司
成品尺寸	170mm×240mm
印　　张	10.75
字　　数	202 千字
版　　次	2020 年 11 月第 1 版
印　　次	2020 年 11 月第 1 次印刷
书　　号	ISBN 978-7-5504-4630-4
定　　价	68.00 元

前　言

历史的车轮滚滚向前，时代的潮流浩浩荡荡。党的十九大报告指出：“我国经济已由高速增长阶段转向高质量发展阶段，正处在转变发展方式、优化经济结构、转换增长动力的攻关期。”关于经济高质量发展，有学者在《经济日报》上发文进行了阐释，即可以从三个方面理解高质量发展：一是从宏观层面而言，高质量发展以创新为动力，以绿色发展为目标，实现经济稳定增长和城乡区域均衡发展，经济发展的成果将公平公正地惠及全体人民；二是从产业层面而言，高质量发展要求产业布局优化、产业结构合理，不断实现产业转型升级，产业发展效益得到显著提升；三是从企业经营层面而言，高质量发展要求企业具备更强的竞争力和先进的质量管理理念、方法等。

邵阳历史悠久，名传潇湘。邵阳地处湖南西南部，位于资江上游，东邻湖南衡阳，南接湖南永州和广西桂林，西交湖南怀化，北连湖南娄底。中华人民共和国成立 70 多年来，邵阳经济总量不断发展增大。地区生产总值从 1949 年的不足 2 亿元增长到 2018 年的 1 782.65 亿元，按可比价计算，2018 年地区生产总值是 1949 年的 240 倍，年平均增长达 8.3%。人均生产总值由 1949 年的 52.75 元增加到 2018 年的 24 178 元，增长了 457.4 倍。邵阳三次产业结构比由 1949 年的 88.5∶3.8∶7.7 调整为 2018 年的 16.6∶35.2∶48.2，第二产业和第三产业成为推动经济发展的主导力量。

经济高质量发展要求经济发展从“有没有”向“好不好”转变。

目前，邵阳经济总量不断扩大，但是高新技术产业、大中型工业企业研发（R&D）项目和新产品开发项目在湖南范围内还处于数量偏少的状况，资源综合利用水平和环境保护水平还有待提升。要真正推动邵阳经济高质量发展，可以说还任重道远。本书在客观梳理邵阳经济发展历史、展示经济发展成就的同时，总结发展经验教训，展望未来，并基于经济高质量发展视角，从形势分析、战略研究、专题研究、调查研究四个方面探究推动邵阳经济高质量发展的路径选择。具体内容如下：

第一，形势分析篇简要概述多年来邵阳经济发展取得的成就，分析高质量发展要求下邵阳经济发展面临的瓶颈，探究邵阳经济未来发展趋势。

第二，战略研究篇分产业研究分析邵阳农业、林业、工业、金融贸易业等产业的发展现状，探究各产业在高质量发展要求下面临的问题和困境，提出推动相关产业高质量发展的途径。

第三，专题研究篇就邵阳民营经济高质量发展进行专门研究，分析影响邵阳民营经济发展的主要因素和民营经济发展存在的问题，提出民营经济转型升级和高质量发展的策略。

第四，调查研究篇对邵阳县域经济高质量发展展开研究，深入分析经济新常态下邵阳县域经济发展现状，发掘县域经济发展中存在的难题，并从理论和实践创新的高度提出邵阳县域经济高质量发展的具体对策与建议。

郭建华

2020 年 6 月

于邵阳学院

目　录

第一篇　形势分析

第二篇　战略研究

第三篇　专题研究

第四篇　调查研究

第一篇
形势分析

第一章　邵阳经济发展概况

第一节　邵阳经济发展的成就

邵阳地处湖南西南部，近年来，邵阳经济稳步增长，社会事业全面进步，民生状况不断改善。2018 年，邵阳地区生产总值（GDP，下同）为 1 782.65 亿元，在湖南省 14 个市（州）中排名第 9 位（见表 1-1）。截至 2018 年年底，邵阳的年产值过亿元的企业数量达 566 家，其中年产值达 50 亿元的企业 1 家，年产值达 20 亿元的企业共 7 家，年产值超过 10 亿元的企业共 20 家，年产值超过 5 亿元的企业共 73 家①。2018 年，从经济增长情况看，邵阳 11 项主要经济指标中有 9 项指标的增速达到或超过湖南相应指标的平均水平。其中，7 项指标进入湖南前 5 位②，尤其是在体现经济高质量发展的结构性指标中，多项指标的增速处于湖南前 5 位的水平。整体而言，目前邵阳经济发展运行良好。

表 1-1　邵阳地区生产总值的省内比较

地区	2000 年		2005 年		2010 年		2015 年		2018 年	
	GDP（亿元）	排名	GDP（亿元）	排名	GDP（亿元）	排名	GDP（亿元）	排名	GDP（亿元）	排名
长沙	656.41	1	1 519.9	1	4 547.06	1	8 510.13	1	11 003.4	1
株洲	291.42	5	524.14	5	1 275.48	5	2 335.1	5	2 700	5
湘潭	213.7	9	366.84	7	894.01	7	1 703.1	7	2 161.4	7
岳阳	364.04	2	634.87	2	1 539.36	2	2 886.28	2	3 411.01	2
衡阳	353.08	3	590.86	4	1 420.34	4	2 601.57	4	3 046.03	4

① 数据来源：邵阳市 2018 年国民经济和社会发展统计公报。

② 数据来源：2019 年邵阳市人民政府工作报告。

表1-1(续)

地区	2000 年		2005 年		2010 年		2015 年		2018 年	
	GDP（亿元）	排名	GDP（亿元）	排名	GDP（亿元）	排名	GDP（亿元）	排名	GDP（亿元）	排名
益阳	193.61	11	294.76	12	712.28	10	1 354.41	10	1 758.38	10
常德	348.3	4	634.17	3	1 491.57	3	2 709	3	3 394.20	3
张家界	60.37	14	110.63	14	242.48	14	447.7	14	578.9	14
湘西	65.9	13	123.32	13	303.54	13	512	13	585	13
怀化	210.46	10	295.21	11	674.92	12	1 273.25	12	1 513.27	12
娄底	168.54	12	311.11	10	678.71	11	1 291.38	11	1 540.41	11
邵阳	225.34	8	360.09	9	727.29	9	1 387	9	1 782.65	9
永州	244.4	7	361.22	8	767.01	8	1 418.17	8	1 805.65	8
郴州	250.27	6	477.69	6	1 081.76	6	2 012.1	6	2 391.9	6

数据来源：各市（州）统计局、政府网站。

从表 1-1 可以看出，邵阳各年地区生产总值在湖南 14 个市（州）中排名第 8 位或第 9 位，处于中下位置。从图 1-1 和图 1-2 可知，邵阳地区生产总值近年来增长较快，增速位于湖南前列。

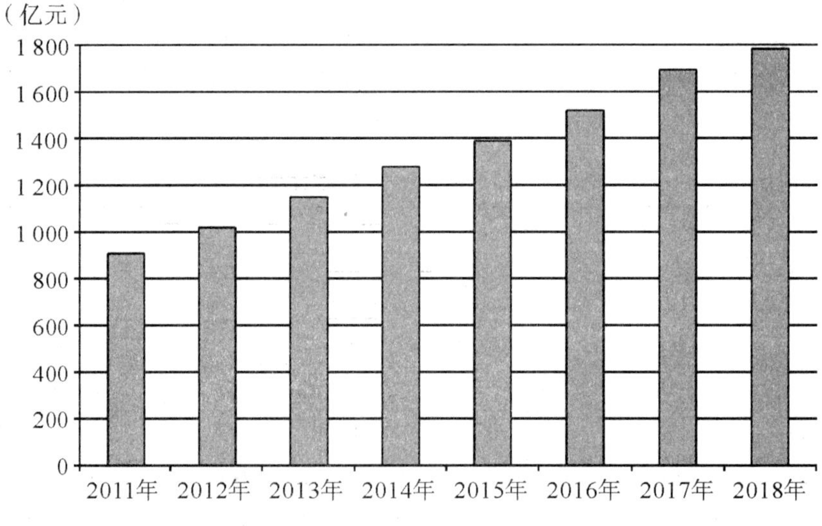

图 1-1　邵阳市 2011—2018 年地区生产总值

数据来源：邵阳市国民经济和社会发展与统计公报。

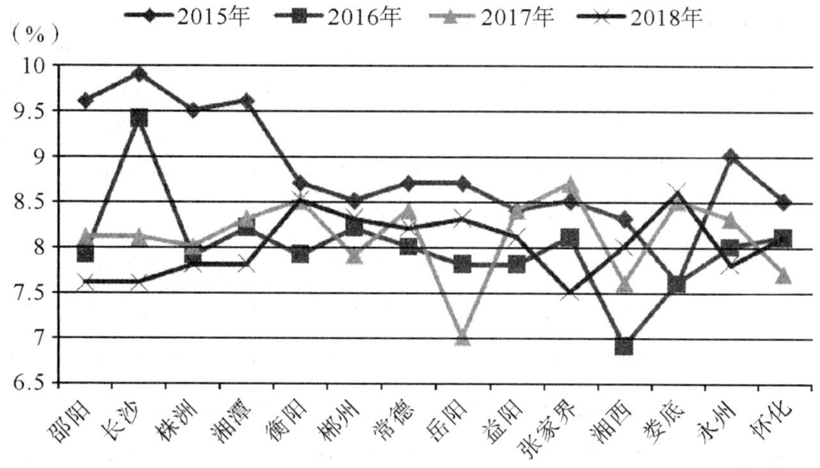

图 1-2 湖南省各市（州）地区生产总值增长速度（2015—2018 年）

数据来源：湖南省各市（州）国民经济和社会发展统计公报。

2018 年，邵阳固定资产投资额为 1 839. 80 亿元，投资额总量处于湖南第 8 位；固定资产投资增速达 13. 1%，增速达到湖南平均水平，处于湖南第 10 位。从近年来的固定资产投资增长速度看，邵阳在湖南 14 个市（州）中增速保持中等水平，发展前景较好。2018 年，邵阳社会消费品零售总额为 987. 87 亿元，在湖南 14 个市（州）中排名第 7 位，增速为 10. 5%，增速与衡阳并列湖南第 2 位。从近年来的社会消费品零售总额看，邵阳在湖南处在第 6 位或第 7 位，增长速度排名靠前（见表 1-2 和图 1-3）。

表 1-2 邵阳社会消费品零售总额与湖南各市（州）比较①

地区	2015 年		2016 年		2017 年	
	总额（万元）	增速（%）	总额（万元）	增速（%）	总额（万元）	增速（%）
长沙	36 894 281. 8	12	41 174 018. 5	11. 6	45 476 752	10. 5
株洲	8 394 323. 9	11. 6	9 384 854. 1	11. 8	10 384 623	10. 7
湘潭	5 204 313. 9	12. 8	5 823 627. 2	11. 9	6 449 685	10. 8
衡阳	10 089 262. 3	12. 2	11 279 795. 3	11. 8	12 483 825	10. 7
邵阳	7 453 715. 4	12. 7	8 348 161. 3	12	9 262 369	11

① 因数据收集限制，仅统计 2015—2017 年社会消费品零售总额及增速情况。

表1-2(续)

地区	2015 年		2016 年		2017 年	
	总额（万元）	增速（%）	总额（万元）	增速（%）	总额（万元）	增速（%）
岳阳	10 204 315.4	12.7	11 428 833.3	12	12 566 128	10
常德	9 453 409.9	12.1	10 578 365.7	11.9	11 726 189	10.9
张家界	1 773 560.2	12.9	1 981 066.7	11.7	2 192 134	10.7
益阳	5 737 662.4	11.8	6 414 706.6	11.8	7 097 963	10.7
郴州	8 095 796.0	12	9 051 099.9	11.8	9 996 989	10.5
永州	5 276 427.9	12	5 899 046.4	11.8	6 530 048	10.7
怀化	5 025 905.2	11	5 618 962	11.8	6 206 461	10.5
娄底	4 336 680.6	10.1	4 852 745.6	11.9	5 374 433	10.8
湘西	2 271 138.2	9.7	2 530 047.9	11.4	2 801 103	10.7

数据来源：各市（州）历年国民经济和社会发展统计公报。

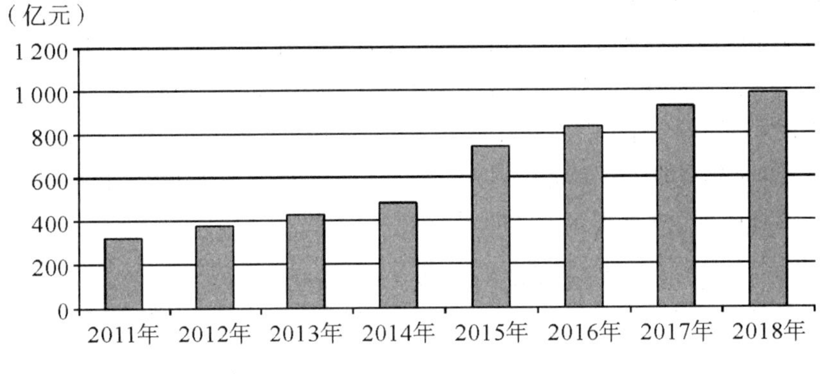

图 1-3　邵阳社会消费品零售总额（2011—2018 年）

数据来源：邵阳市国民经济和社会发展统计公报。

2018 年，邵阳城乡居民人均可支配收入为 18 010 元，居湖南第 11 位，城乡居民可支配收入较上年增长 10.1%，增速高于湖南平均水平。其中，城镇居民人均可支配收入为 27 167 元，同比增长 8.5%；农村居民人均可支配收入为 11 857 元，同比增长 10.2%，农村居民人均收入增速较快。表 1-3、表 1-4 和表 1-5 分别是 2017 年和 2011—2015 年邵阳城乡居民可支配收入与其他地区的比较①。可以看出，邵阳城乡居民可支配收入绝对额不高，但增速较快，尤其是2017年农村居民可支配收入增速仅低于湘西、张家界和怀化，位居湖南第4位。

表1-3　2017年邵阳城乡居民人均可支配收入与其他地区的比较

地区	全体居民人均可支配收入		城镇居民人均可支配收入		农村居民人均可支配收入	
	绝对值（元）	增速（%）	绝对值（元）	增速（%）	绝对值（元）	增速（%）
湖南	23 103	9.4	33 948	8.5	12 936	8.4
长沙	41 131	8.8	46 948	8.4	27 360	7.5
株洲	31 234	8.6	39 787	8.0	18 340	8.4
湘潭	27 471	8.6	34 167	8.1	17 885	7.9
衡阳	23 852	8.5	31 800	8.5	16 851	8.0
邵阳	16 353	10.8	25 029	8.8	10 756	10.6
岳阳	22 761	9.5	30 009	8.9	14 265	8.7
常德	20 548	9.1	28 735	8.3	13 847	8.5
张家界	15 033	10.5	22 944	9.1	8 692	11.4
益阳	20 035	9.3	26 934	8.8	14 556	8.5
郴州	21 527	9.0	30 005	8.2	13 829	8.4
永州	18 371	9.6	26 190	9.0	12 738	9.0
怀化	15 183	10.0	24 498	8.6	8 831	10.9
娄底	16 813	9.8	25 634	8.3	10 530	10.5
湘西	13 949	10.8	22 728	9.2	8 273	11.6

表1-4　邵阳城镇居民可支配收入与其他地区的比较（2011—2015年）

地区	2011年		2012年		2013年		2014年		2015年	
	城镇居民人均可支配收入（元）	增速（%）	城镇居民人均可支配收入（元）	增速（%）	城镇居民人均可支配收入（元）	增速（%）	城镇居民人均可支配收入（元）	增速（%）	城镇居民人均可支配收入（元）	增速（%）
长沙	26 451	15.90	30 288	14.50	33 662	10.50	36 826	9.40	39 961	8.50
株洲	22 633	14.60	25 916	14.50	28 698	10.30	31 338	9.20	33 977	8.40
湘潭	20 614	13.80	23 549	14.20	24 810	9.10	27 067	9.10	29 237	8.00

① 2016年部分地区数据收集不全，因此没有列出比较。

表1-4(续)

地区	2011年		2012年		2013年		2014年		2015年	
	城镇居民人均可支配收入（元）	增速（%）	城镇居民人均可支配收入（元）	增速（%）	城镇居民人均可支配收入（元）	增速（%）	城镇居民人均可支配收入（元）	增速（%）	城镇居民人均可支配收入（元）	增速（%）
岳阳	19 558	13.10	22 110	13.00	21 193	9.80	23 121	9.10	25 202	9.00
衡阳	17 866	14.00	20 286	13.50	22 297	10.00	24 370	9.30	26 515	8.80
益阳	17 328	13.50	19 594	13.10	18 928	9.00	20 688	9.30	22 571	9.10
常德	17 861	13.50	20 260	13.40	20 766	9.60	22 634	9.00	24 513	8.30
张家界	14 098	11.60	15 641	10.90	16 580	8.50	18 055	8.90	19 473	7.90
湘西	13 592	11.40	15 038	10.60	16 466	8.40	17 898	8.70	19 267	7.70
怀化	13 824	13.20	15 666	13.30	17 632	10.20	19 205	8.90	20 693	7.80
娄底	16 937	13.10	19 233	13.60	18 680	9.50	20 324	8.80	21 838	7.50
邵阳	13 578	15.10	15 458	13.80	17 647	10.00	19 341	9.60	21 070	8.90
永州	17 193	13.90	19 671	14.40	18 526	8.30	20 175	8.90	21 938	8.70
郴州	17 606	14.10	20 016	13.70	21 634	10.30	23 621	9.20	25 534	8.10

数据来源：各市（州）历年国民经济和社会发展统计公报。

表 1-5　邵阳农村居民可支配收入与其他地区的比较（2011—2015 年）

地区	2011年		2012年		2013年		2014年		2015年	
	农村居民人均纯收入（元）	增速（%）	农村居民人均纯收入（元）	增速（%）	农村居民人均纯收入（元）	增速（%）	农村居民人均纯收入（元）	增速（%）	农村居民人均纯收入（元）	增速（%）
长沙	12 717	19.50	15 057	18.40	19 713	12.60	21 723	10.20	23 601	8.60
株洲	9 327	21.80	10 972	17.60	12 908	13.40	14 366	11.30	15 637	8.80
湘潭	9 502	21.60	11 316	19.10	12 673	13.90	14 092	11.20	15 347	8.90
岳阳	7 070	18.10	8 326	17.80	9 930	13.40	11 062	11.40	12 091	9.30
衡阳	8 563	18.60	10 116	18.90	11 876	12.90	13 242	11.50	14 407	8.80
益阳	6 773	20.60	7 958	17.50	10 129	11.90	11 304	11.60	12 344	9.20
常德	6 663	18.20	8 023	20.40	9 629	12.00	10 737	11.50	11 744	9.40
张家界	4 093	11.60	4 574	11.80	5 669	11.00	6 332	11.70	7 094	12.00
湘西	3 674	15.80	4 229	15.10	5 260	12.40	5 891	12.00	6 648	12.90
怀化	4 280	21.60	4 701	16.40	5 849	12.70	6 474	10.70	7 203	11.20
娄底	3 951	17.40	4 762	20.60	7 059	12.30	7 836	11.00	8 655	10.50
邵阳	4 373	16.30	5 136	17.40	6 933	12.50	7 786	12.30	8 716	11.90
永州	6 002	18.60	7 073	17.80	8 863	11.10	9 873	11.40	10 765	9.00
郴州	6 230	19.60	7 410	18.90	9 692	13.10	10 786	11.30	11 778	9.20

数据来源：各市（州）历年国民经济和社会发展统计公报。

从图 1-4 可以看出，邵阳三次产业结构由中华人民共和国成立时的“一三二”结构逐渐变为“一二三”结构，再演变为现在的“三二一”结构，经过几十年的经济发展，产业结构进一步优化。

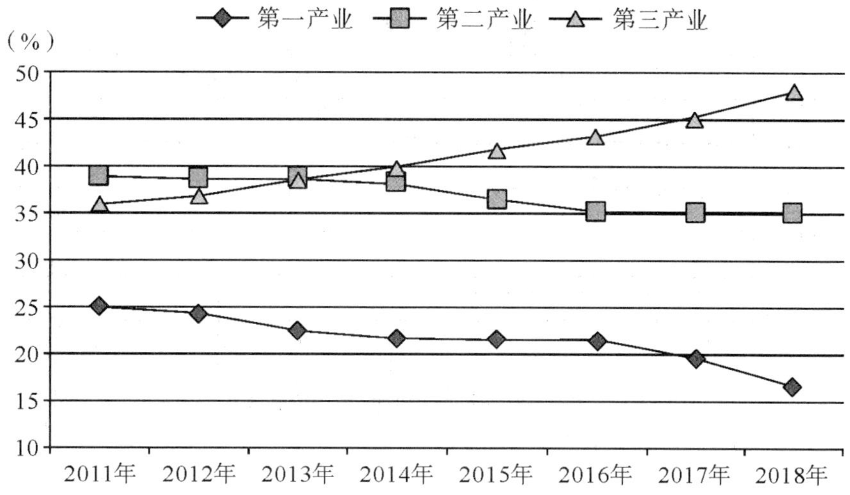

图 1-4　邵阳三次产业结构变化（2011—2018）

数据来源：邵阳统计年鉴。

总之，近年来，邵阳经济发展持续高速增长，经济综合实力和发展水平取得了较好的成就，尽管部分经济指标在湖南处于中下水平，但增长速度位于湖南前列，反映邵阳经济发展形势向好，后发优势明显。

第二节　邵阳经济发展趋势

近年来，面对国内外经济环境不确定因素的增加以及当前全球经济总体下行的压力，邵阳市委、市政府认真贯彻落实党的新发展理念，对标经济发展的高质量要求，紧紧抓住供给侧结构性改革，积极推进稳增长、调结构、促改革，邵阳经济运行保持总体平稳、稳中向好的发展态势。

一、人均 GDP 逐年提高

从近年来的人口数量变化看，邵阳人口总量平稳增长，增速缓慢，2013—2018 年，常住人口总数从 720 万人增长到 737 万人，年均增长 0.467%。2013 年，邵阳地区生产总值为 1 130.04 亿元，2018 年为 1 782.65 亿元，年均增长 9.54%。地区生产总值的增长速度快于人口增长速度，因此邵阳市人均 GDP 逐年增加（见图 1-5 和图 1-6）。

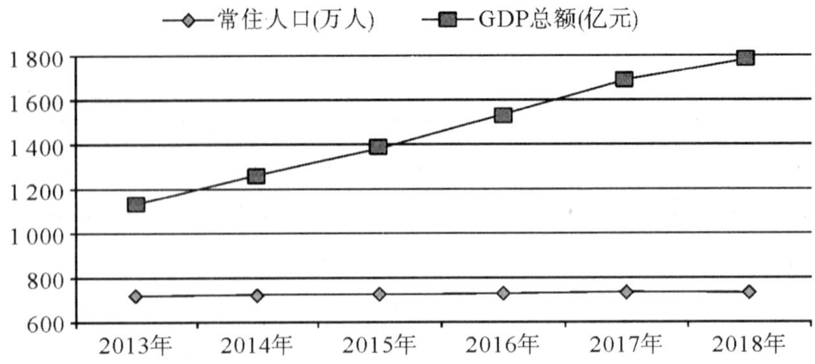

图 1-5　2013—2018 年邵阳地区生产总值与人口情况

数据来源：邵阳统计年鉴。

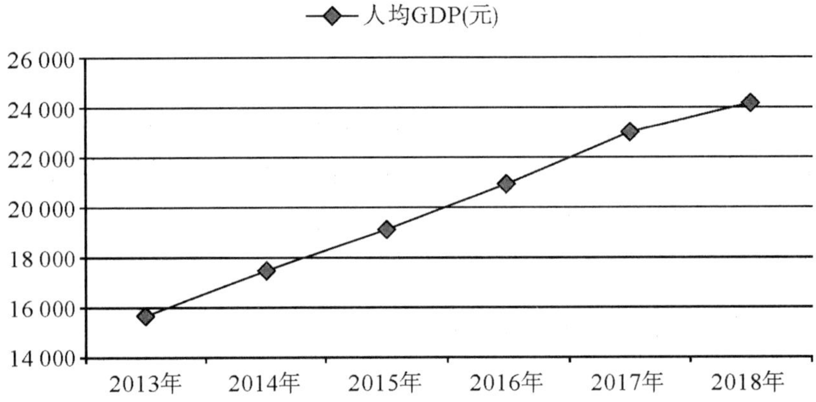

图 1-6　2013—2018 年邵阳人均 GDP 发展情况

数据来源：邵阳国民经济和社会发展统计公报。

二、产业结构进一步优化

随着邵阳经济的不断发展，三次产业的总产值都持续增加，三次产业结构也随社会需求变化不断调整，随经济发展的要求不断优化。从近年来的增长速度看，邵阳第三产业的增长速度较平稳，且快于第一产业的增长速度，第二产业的增长速度整体呈下降趋势。2015 年，邵阳第一产业增长速度为 10. 18%，第二产业增长速度为 5. 54%，第三产业增长速度为 13. 97%；2016 年，邵阳三次产业增长速度分别为 9. 16%、7. 02%、13. 82%；2017 年，邵阳三次产业增长速度分别为 2. 04%、9. 45%、15. 64%。到 2018 年，邵阳第一产业首次出现负增长，增长速度为-11.29%，第二产业和第三产业增长速度分别为5.33%和12.73%。邵阳产业结构逐年优化（见表1-6、图1-7和图1-8）。

表1-6 邵阳三次产业增加值 单位：亿元

项目	2011年	2012年	2013年	2014年	2015年	2016年	2017年	2018年
第一产业增加值	217.61	250.87	254.89	274.61	299.39	326.81	333.47	295.82
第二产业增加值	363.08	398.07	439.50	482.22	508.05	543.74	595.13	626.83
第三产业增加值	326.54	379.47	435.65	504.78	579.56	659.71	762.90	860.01

数据来源：湖南统计年鉴和邵阳市国民经济与社会发展统计公报。

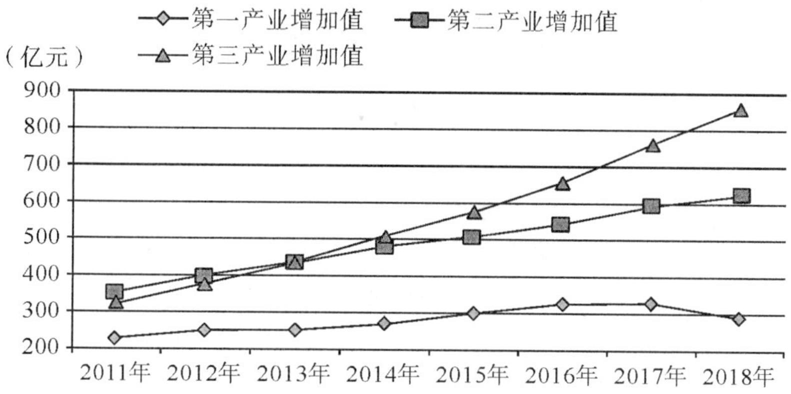

图1-7 邵阳三次产业增加值发展情况

数据来源：湖南统计年鉴和邵阳市国民经济与社会发展统计公报。

从表1-5、图1-7可以看出，邵阳第三产业增加值在2014年超过第二产业增加值，并且邵阳第二产业和第三产业增长速度明显快于第一产业。

从图1-8可知，近年来，邵阳三次产业中第一产业和第二产业增速逐年降低，第三产业增速基本平稳，且第一产业在2018年出现了负增长。结合以往的三次产业发展情况，邵阳的产业结构将进一步优化，第三产业在地区生产总值中的比重将上升，第一产业在地区生产总值中的比重将下降。

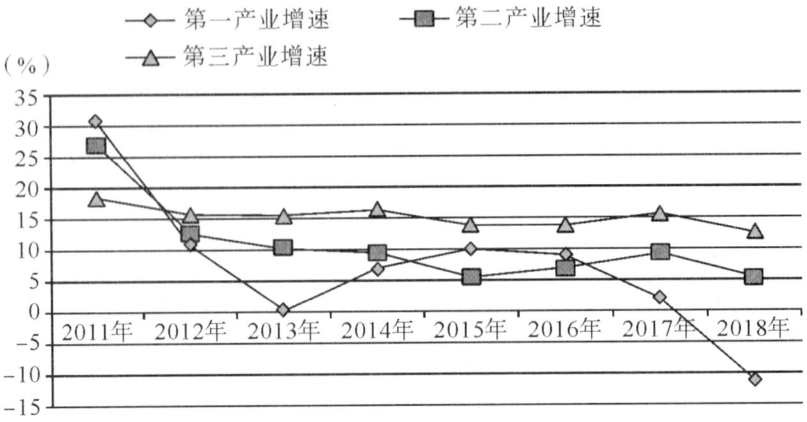

图 1-8 邵阳三次产业增加值增长速度

数据来源：湖南统计年鉴和邵阳市国民经济与社会发展统计公报。

三、生活水平进一步提高，城乡差距持续扩大

随着邵阳经济的较快发展以及城镇化的不断推进，居民收入大幅增加，居民生活水平迅速提升，直接促进恩格尔系数下降。同时，由于城乡产业结构的调整，三次产业结构逐步优化，第一产业占比缩小，农民增收困难；城市居民因为第二产业的不断扩大，就业机会和收入也快速增加。另外，近年来，邵阳城市基础设施的投入使得城镇居民生活条件不断改善，生活条件显著优于农村。总之，随着经济的增长和时间的推移，邵阳城乡之间的差距持续扩大（见图 1-9）。

四、经济进一步开放

邵阳经济的开放程度较低，随着经济的发展、交通条件的逐渐改善、湘商产业园的发展，邵阳的进出口贸易额将进一步增加，实际利用外商直接投资额将进一步增长。2005—2018 年，邵阳出口额增速较快，实际利用外商直接投资额与进口额都保持增长态势。2018 年，邵阳实际利用外商直接投资 3.02 亿美元（约合 19.8 亿元人民币），较 2017 年增长 13.6%①。

① 数据来源：邵阳市 2018 年国民经济和社会发展统计公报。

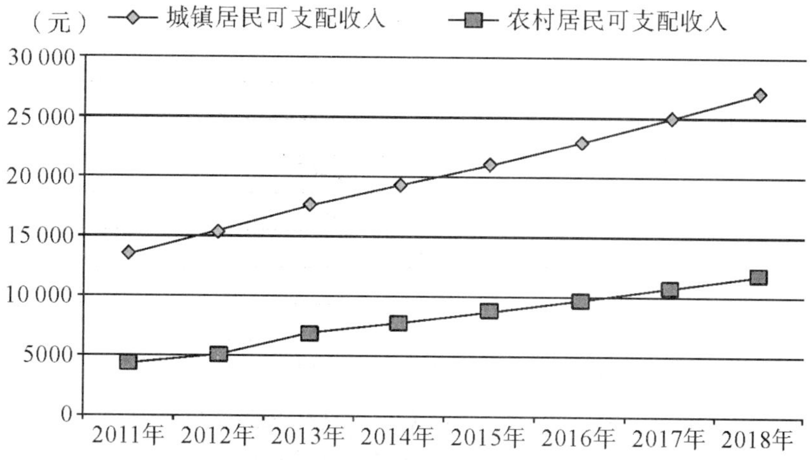

图 1-9　邵阳农民人均可支配收入与城镇居民人均可支配收入

资料来源：邵阳国民经济与社会发展统计公报。

五、旅游业进一步发展，旅游收入持续增长

邵阳旅游资源丰富，丰富度在湖南仅次于张家界和长沙。邵阳现有 4 个国家 A 级景区，3 个国家级风景名胜区，1 个国家地质公园，1 个世界自然遗产，2 个国家森林公园，大小景区 300 余个，资源品类齐、品位高、数量多，为邵阳旅游业提供了巨大的发展空间。2015 年，邵阳接待国内外游客 2 699.57 万人次，全年实现旅游总收入 200 亿元；2018 年，邵阳各旅游景点、景区共接待国内游客数量达 5 144.78 万人次，全年实现国内旅游收入 434.68 亿元，较 2015 年翻了一番。此外，2018 年，邵阳还接待外国及我国港澳台游客数量达 13.78 万人次，实现旅游外汇收入 3.37 亿美元（约合 22.2 亿元人民币）①。近年来，邵阳接待游客数量和旅游收入逐年递增，对比 2015 年，2018 年邵阳旅游人数和旅游总收入均翻了一番还多（见图 1-10）。随着沪昆高铁邵阳段、怀邵衡高铁以及洞新、怀通、娄新、邵坪 4 条高速公路相继通车，邵阳的交通条件进一步改善，政策的支持、交通的便利，为邵阳的旅游发展奠定了“软件”和“硬件”基础。同时，从近年的旅游发展情况来看，邵阳的旅游规模将持续扩大。

---

① 数据来源：邵阳市 2018 年国民经济和社会发展统计公报。

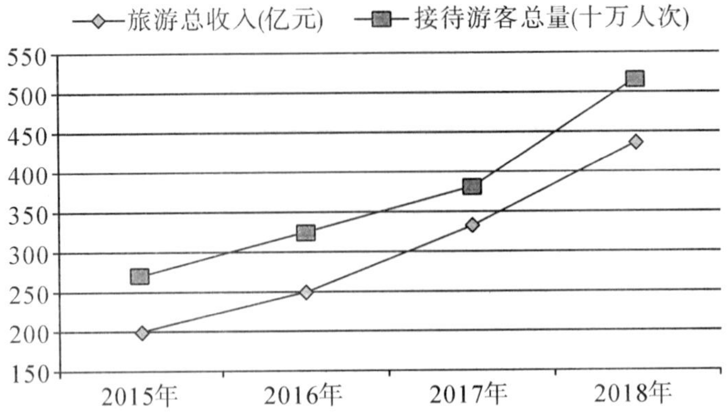

图 1-10　邵阳接待游客、旅游总收入情况

数据来源：邵阳市国民经济与社会发展统计公报。

第三节　邵阳经济发展的瓶颈

一、政策的支持力度不够

从国家层面来看，湖南属于中部地区，国家各项政策支持的力度相对较小，而东部沿海地区的优先发展使其经济发展水平及市场化程度、城镇化水平都高于中部地区，从而使得资金、人才等资源大量向东部沿海地区集中，在较大程度上影响和制约了中部地区的经济发展。邵阳位于湖南西南部，与长沙、株洲等城市的距离较远，同时湖南助推“长株潭一体化”发展，相应的人才、资金往往集中于长沙及其周边地区，从而制约着邵阳经济的发展。

二、区位与交通的制约

地域上的空间距离是客观存在的，谁都无法消除其对经济活动的影响，由区位差异所导致的成本增加将是经济活动决策主体考虑的重要因素。同时，区位差异还会抑制区域间的沟通，导致信息不对称程度的加深，区位差异还会妨碍资源的共享，限制资源的最大化利用。邵阳地处湖南西南部，距省会长沙232.8 千米，距株洲 217 千米，距湘潭 201.1 千米。尽管近年来湖南省委、省政府提出诸多经济发展政策，但是大部分资源还是集中在长株潭地区。邵阳因为位置上的“偏远”而被边缘化。目前，邵阳没有一家本地上市公司。湖南拥有 24 家年产值过百亿元的企业，无一在邵阳。2018 年，湖南的 7 家企业进入“中国企业500强”，均不在邵阳。

交通条件是影响区域经济发展的又一个重要因素。尽管近年来邵阳铁路和高速公路建设取得了很大成就，很大程度上改善了邵阳的交通条件，但是邵阳的铁路干线还只有沪昆高铁通过，交通系统网络化的形成还需要较长的时间，广大乡村建立现代交通、促进要素快速流动更是一个漫长的过程。

三、城镇化率偏低，城市辐射力不强

城镇化水平是影响区域经济发展的重要因素之一。通常而言，城镇化水平越高，区域经济越发达。因为城市不仅是区域政治、教育、文化的聚集地，还是区域交通、信息、科技和技术的辐射中心。它通过信息的传输、资金的扩散、技术的辐射，带动和促进区域经济发展。邵阳属于欠发达地区，城镇化总体水平偏低，城市辐射功能难以提升。以2018年为例，邵阳城镇化水平仅为47.49%，而湖南城镇化平均水平为59.58%，长沙城镇化水平为79.12%，株洲城镇化水平为67.87%，邵阳低于湖南城镇化平均水平约12个百分点，分别低于长沙、株洲城镇化水平约32个百分点和20个百分点①。总之，邵阳人口聚集度不高，城镇化水平偏低，经济实力较弱，综合竞争力不强，对周围地区要素的聚集力、带动力和辐射力相对较弱②。

四、人口数量多，人才匮乏

邵阳是一个人口大市，2018年年末常住人口为737万人，2018年年末湖南常住人口为6 898.8万，邵阳常住人口占湖南常住人口的比重为10.68%，在湖南14个市（州）中，人口总数仅少于长沙，居第2位。

另外，据第六次全国人口普查数据③，2010年邵阳常住人口中，具有大学（大专以上）文化程度的人口为317 791人，占2010年常住人口总数的4.49%；具有高中（含中专）文化程度的人口为986 425人，占2010年常住人口总数的13.95%；具有初中文化程度的人口为2 939 522人，占2010年常住人口总数的41.57%；具有小学文化程度的人口为1 907 080人，占2010年常住人口总数的26.97%（上述各种受教育程度的对象包括各类学校的毕业生、肄业生以及在校学生）。2010年，长沙具有大学（大专以上）文化程度的人口

---

① 数据来源：2018年湖南省国民经济和社会发展统计公报、2018年长沙市国民经济和社会发展统计公报、2018年邵阳市国民经济和社会发展统计公报。

② 黄森华．邵阳市经济发展现状与发展途径分析［J］．知识经济，2017（15）：14-15.

③ 考虑到数据的可靠性，这里以第六次全国人口普查的数据为准（2010年人口状况）。

为 1 347 825 人，占 2010 年常住人口总数的 19.14%；具有高中（含中专）文化程度的人口为 1 242 768 人，占 2010 年常住人口总数的 17.65%。2010 年，株洲具有大学（大专以上）文化程度的人口为 340 630 人，占 2010 年常住人口总数的 8.83%；具有高中（含中专）文化程度的人口为 632 635 人，占 2010 年常住人口总数的 16.4%；具有初中文化程度的人口为 1 507 545 人。2010 年，湘潭具有大学（大专以上）文化程度的人口为 321 670 人，占 2010 年常住人口总数的 11.69%，具有高中（含中专）文化程度的人口为 498 451 人，具有初中文化程度的人口为 1 072 173 人。可见，与长沙、株洲、湘潭等城市对比，邵阳大学（大专以上）学历的人数总量较少，占总人口的比重较低。另外，邵阳规模以上工业企业研发（R&D，下同）活动人员数在湖南 14 个市（州）中排名靠后，同时 R&D 活动人员占湖南 R&D 活动人员的比重较低，比重排名在 14 个市（州）中靠后，反映出邵阳科技创新人才缺乏（见表 1-7）。

表 1-7　湖南各市（州）规模以上工业企业 R&D 活动人员情况及占湖南的比重

地区	2011 年		2012 年		2013 年		2014 年	
	R&D 活动人员（人）	比重（%）	R&D 活动人员（人）	比重（%）	R&D 活动人员（人）	比重（%）	R&D 活动人员（人）	比重（%）
长沙	30 732	39.34	37 118	40.11	42 225	42.65	49 555	45.05
株洲	9 802	12.55	10 903	11.78	13 759	13.90	12 469	11.34
湘潭	6 663	8.53	9 325	10.08	9 027	9.12	9 133	8.30
衡阳	5 279	6.76	6 737	7.28	5 055	5.11	4 962	4.51
邵阳	1 673	2.14	1 878	2.03	2 243	2.27	3 126	2.84
岳阳	7 127	9.12	7 257	7.84	8 326	8.41	9 709	8.83
常德	7 736	9.90	8 725	9.43	7 100	7.17	8 088	7.35
张家界	275	0.35	192	0.21	161	0.16	140	0.13
益阳	2 170	2.78	2 083	2.25	2 229	2.25	2 643	2.40
郴州	1 772	2.78	2 559	2.77	2 783	2.81	3 680	3.35
永州	1 051	2.27	937	1.01	2 134	2.16	1 779	1.62
怀化	450	0.58	1 279	1.38	1 261	1.27	1 489	1.35
娄底	3 002	3.84	3 196	3.45	2 306	2.33	2 729	2.48
湘西州	397	0.51	358	0.39	393	0.40	492	0.45

数据来源：湖南统计年鉴。

五、工业实力不强，科技创新水平低

根据美国经济学家西蒙·库兹涅茨的观点，区域经济发展阶段与其产业结构水平存在相互推动、相互促进、相互影响、相互制约的依存关系。改革开放以来，国家在经济建设和社会发展方面采取了东部沿海地区优先发展和产业发展向东部倾斜的政策，以东部沿海地区作为国家经济发展的重点，放宽外资使用限制，希望通过优先发展东部沿海地区，然后带动中西部地区发展。依靠良好的国家政策和优越的地理条件，东部沿海地区取得了大量外资的支持，工业化程度不断提升。邵阳属于中部地区，工业基础相对薄弱，工业实力并不强大，工业的落后严重阻碍着邵阳经济发展。

2018 年，湖南第二产业占国民经济的比重为 39.7%，邵阳第二产业占国民经济的比重为 35.2%，而广东第二产业占国民经济的比重为 41.8%，说明邵阳的工业化水平不高，还处于工业化初期阶段。以 2018 年为例，邵阳实现工业增加值 516.12 亿元，长沙实现工业增加值 3 745.03 亿元，岳阳实现工业增加值 1 227.42 亿元，株洲实现工业增加值 1 182 亿元，湘潭实现工业增加值 932.1 亿元，衡阳实现工业增加值 868.11 亿元①，益阳实现工业增加值 592.42 亿元，常德实现工业增加值 1 000 亿元②，张家界实现工业增加值 77.18 亿元，湘西实现工业增加值 133.1 亿元，娄底实现工业增加值 597.04 亿元，永州实现工业增加值 499.92 亿元。邵阳与湖南其他市（州）相比，工业增加值高于永州、湘西和张家界，工业实力不强。

六、产业集聚度低，产业空间布局欠优化

目前，虽然邵阳涌现出了诸如三一湖汽、富士电梯、湘窖酒业、南方水泥、宝庆电厂等一大批骨干企业，初步形成机械、食品、能源等产业集群，但产业发展存在链短产业、集聚度低、集群程度不高的短板，很多产品的技术含量低，自主开发的品牌少，主要是贴牌生产，产业品牌效应不足，带动能力不强。此外，大部分企业在规模上偏小，在行业空间布局上集中度不高，而且企业生产专门化程度也比较低，行业的空间集聚优势没有形成，从而在很大程度上制约了产业发展空间。

---

① 数据来源：根据衡阳市 2018 年国民经济和社会发展统计公报提供的数据计算得到。

② 数据来源：湖南省统计信息网。

第四节 邵阳经济发展途径分析

一、培育支柱产业，实现产业联动发展

目前，邵阳经济仍欠发达，培育支柱产业、实现产业联动发展有助于带动地区产业发展，实现经济跨越式发展。邵阳通过支柱产业的培育，可以让有创新力的企业进行技术创新，不断推出新的技术、产品和方法，通过技术创新与扩散首先形成区域内的模仿，之后推动技术的进一步更新。支柱产业的培育和发展要尽可能地在充分发挥本地潜在及显性要素的基础上引进资本、人才、技术、管理方法等要素，并合理配置，培育过程中需要注意将所培育的产业链延伸，使生产规模与市场开发相协调①。邵阳目前有年产值 1 亿元以上企业 566 家，基本形成机械、能源、食品等产业集群。产业集群可以促进产业联动发展，能够细化产业分工和优化产业结构，利于区域特色产业的形成，同时还可以减少产业组织内损耗和降低产业生产成本。邵阳可以以宝庆工业集中区、邵阳经济开发区为中心，集中人力、物力和财力，在现有的机械、食品和能源等产业集群的基础上发展高新技术战略产业，通过延伸产业链的范围与扩大产业集群的规模，促进产业集聚的进一步形成，从而提升工业企业的行业核心竞争力，同时带动市区周边县城的产业发展。

二、依靠科技进步，实现创新发展

区域经济发展按照驱动因素的不同，可分为要素驱动、投资驱动和创新驱动三类。要素驱动型经济通过低成本的劳动力和土地要素的投入推动经济发展；投资驱动型经济通过投资拉动经济发展；创新驱动型经济的发展动力源于技术创新和产品创新。按照这个标准，目前邵阳经济发展的创新驱动因素不够，还处于要素驱动、投资驱动阶段。在党的十九大提出“经济高质量发展”战略背景下，创新驱动将成为“高质量”阶段经济发展的基本动力。邵阳经济发展方式也必然发生转变，由高能耗、高投入发展方式转向以科技进步和技术创新为主导的发展方式。近年来，邵阳对技术创新推动经济发展的意识不断增强，对技术创新的投入持续加大，加上基础设施的不断完善和交通条件的改善，邵阳经济发展具有十分明显的后发优势。邵阳需要将这种后发优势转变为

---

① 许飞宇. 欠发达地区科技经济跨越式发展的机理研究［D］. 昆明：昆明理工大学，2013.

竞争优势，实施创新驱动战略，通过技术创新，引领经济发展方式的转变，提高经济发展质量。

三、强化政府监督，营造良好发展环境

党的十八届三中全会指出，处理好政府和市场的关系是新时代新常态下经济体制改革的一个核心问题。政府与市场是相互结合、相互补充、相互促进的，经济如何发展，由市场本身决定，政府在经济发展过程中只是监管的角色。因为市场本身总会存在缺陷，甚至有时还会出现市场失灵的情况，政府有必要对监管职能适当进行强化，从而克服市场的无序和失范行为，但政府不能过度干预经济的运行。为此，政府首先要明确监管目的，各级政府部门要简政放权，削减和下放行政审批事项。政府监管的目的不是管死市场，而是创设科学、公平、公正的市场规则，激发市场活力，提升服务质量。政府要优化监管行为，坚持依法监管，必须将监管行为纳入标准化、科学化、法治化轨道，提升监管效果和监管水平，为经济高质量发展保驾护航。

第二篇

战略研究

第二章　邵阳农业产业高质量发展：现状、问题与对策

长期以来，邵阳农业以水稻种植为主，因为产品结构单一且没有形成农业产品深加工，农业经济效益也不高。20 世纪 90 年代末期，邵阳农业开始走上产业化经营道路，农业产业化发展迅速，取得了显著成效。2018 年，邵阳农业产业实现新发展，全年实现农业增加值 295.82 亿元，农民人均可支配收入达 11 857 元。

第一节　邵阳农业产业化发展现状

一、围绕地区资源优势，农村主导产业基本形成

近年来，邵阳根据自身农业资源优势和国内外市场的需求确定了主导农业产业与农产品生产。邵阳以优质种植业和养殖业为龙头，重点发展果蔬茶、烤烟、畜禽、牛奶等几种主导产业。2018 年，邵阳粮食种植面积达 903.73 万亩（1 亩约等于 666.67 平方米，下同），蔬菜种植面积为 157 万亩，水果种植面积为 146.2 万亩；出栏生猪 980 万头，牛 46 万头，羊 56.9 万只，出笼家禽 4 504万羽，水产品总产量达 9.5 万吨。

二、以主导产业为基点，农产品生产基地初具规模

经过多年的农业产业化发展，邵阳主导农业产业基本形成，以主导产业为基点，建立了诸多农产品生产基地。在种植业方面，2018 年，隆回县的金银花种植面积达 21.5 万亩，成为全国生产规模最大的原生态种植区，金银花干花产量占全国金银花产量的一半，虫茶产量占全国虫茶产量的一半，西甜瓜种子产销量占全国的 1/4；邵阳县的油茶种植面积达 68.4 万亩，年产值为 18 亿

元，邵阳县油茶被授予湖南首个“国家气候标志”优质农产品称号；邵东市药材种植面积达 15 万亩，号称“药材之都”；洞口县雪峰蜜橘种植面积达 18.1 万亩，洞口蜜橘享誉全国；睢宁县楠竹种植面积达 59.2 万亩；新宁县脐橙种植面积达46 万亩。此外，邵阳的杂交水稻种子产销量占湖南的1/3，玉米种植面积和产量占湖南的1/4。在养殖业方面，邵阳的养殖业总量在湖南排首位，其中生猪、肉牛出栏和奶牛养殖数量居湖南第 1 位，山羊出栏数量居湖南第 2 位。2018 年，城步县存栏奶牛 1.3 万头，奶牛养殖数量占湖南奶牛养殖量的一半。

三、实施“一县一品”，农产品品牌陆续推出

目前，邵阳有效“三品一标”农产品达 236 种，其中绿色食品 99 种、无公害农产品 110 种、地理标志农产品 13 种、有机农产品 14 种。农产品品牌不断做强，湖南湘窖酒业有限公司酿造出品的“邵阳大曲”、隆回滩头镇星琳文体有限公司制作的“高蜡梅年画”、湖南呱呱叫食品有限公司生产的“小塘麻鸭”被认定为“湖南老字号”品牌，实现了邵阳“湖南老字号”品牌零的突破。此外，邵阳现有国字号冠名的农业品牌 12 个、国家地理标志农产品 13 种、中国驰名商标 11 个、湖南著名商标 69 个、湖南农业区域公用品牌 6 个。

第二节　邵阳农业产业高质量发展存在的主要问题

近年来，邵阳农业产业化发展虽然取得了很大成效，但是农业发展水平仍然比较落后，农业产业化依然处于初级阶段，农业产业化发展还存在诸多问题。

一、农业产业布局相对分散，适度规模和支柱产业有待构建

近年来，邵阳依托地区农业资源禀赋，推进农业产业化发展，农业主导产业基本形成，但部分农业产业规模依然偏小，农业支柱产业尚未形成，部分农产品生产还不能满足市场的需求，而且因为产业化规模效应未能产生导致农业生产成本难以降低，制约了农业产业化健康发展。同时，受政策导向的影响和对市场的不充分把握及预测，在特定区域，一些地方特色农产品又因市场波动，导致产品供过于求，甚至严重滞销，放大了市场风险的存在，对农户造成巨大损失，打击了其参与农业产业化发展的欲望和主动性。

二、农业产业链尚未全部形成，产业链经营模式有待完善

农业产业化发展需要龙头企业的带动和引领。目前，邵阳从事农业生产、农产品加工的龙头企业不多，受发展观念和产业发展政策的影响，大多数农业企业规模不大，缺乏人才和技术支撑，发展迟缓，无法在区域范围内形成辐射效应而带动全市区域内农业发展走上产业化道路。农业产业链短，绝大部分农产品尚处于一种初级产品销售的阶段，产品质量不显档次，农产品深加工、精加工产业有待进一步发展，产业链经营模式有待完善。

三、农业产业未立足科技视阈，生态农业和外向农业有待推进

在农业发展实践中，邵阳长期以来把集中连片、扩大种养规模作为重点，忽视企业生产后期的配套环节和配套发展问题；在农业生产过程中，从政府到企业，再到农户或企业主，很少从科学发展的视角组织农业产业发展，造成农业生产光增产不增效，甚至出现大量资源浪费的情况。为此，邵阳在经济高质量发展阶段，推进农业产业化发展，必须立足科技，在农业产业领域推广农产品的绿色生产、绿色加工、绿色储运，发展生态农业和外向农业。

第三节　邵阳农业产业高质量发展的对策与措施

邵阳作为一个农业大市，要实现农业产业化发展，实现向农业强市的转变，必须加速农业产业结构优化升级，着力构建农业支柱产业；必须延伸农业产业链，全力推进农业产业化经营；必须扩大农业标准化生产，大力发展生态农业和外向型农业。

一、加速农业产业结构优化升级，着力构建农业支柱产业

目前，隆回县、洞口县、邵东市、武冈市、邵阳县、新邵县和新宁县是邵阳粮食生产大县（市），邵阳可以以这些县（市）为基础，构建优质粮食产业体系，打造一批省内乃至国内知名的粮食生产先进县（市）。邵阳要以洞口县、隆回县的蜜橘和新宁县、武冈市的脐橙为重点，构建优势水果产业体系，并且着力打造“雪峰蜜橘”和“莨山脐橙”国内知名品牌；要以邵东市的中药材、隆回县的金银花和新邵县的玉竹生产为主体，构建中药材产业体系，加快隆回县的金银花、隆回县和邵阳县的龙牙百合、邵东市和新邵县的玉竹生产

基地建设；要以市区周边的新邵县、邵东市、邵阳县以及大祥区、北塔区和双清区为蔬菜种植基地，构建城郊蔬菜产业体系。

二、延伸农业产业链，全力推进农业产业化经营

邵阳应在现有农业产业发展的基础上，扩大有引领作用的龙头企业基地规模，支持龙头企业建立原料基地；通过资金支持、政策引领、重点培育，壮大一批农产品加工企业，发挥邵阳的粮、油、茶、柑橘、竹木和生猪等种植和养殖业优势，培育一批标志性企业，形成有一定规模的企业集群和产业集群；支持和引导华湘米业、浩天米业、中富油脂组建粮油集团，并申报国家级农业化龙头企业；要充分利用各地生态环境优势，挖掘各地民族风情特色，依托各地历史文化优势，加速农村第三产业发展。

三、扩大农业标准化生产，大力发展生态农业和外向型农业

经济高质量发展离不开产业结构的优化升级。农业产业的优化升级，不外乎是发展绿色农业、生态农业。发展高效生态农业，就是实施农业绿色生产，建设绿色农业产业带、无公害农产品产业带，通过绿色加工、绿色储运，以有机和绿色产品占领市场。发展外向型农业，就是坚持以标准化生产为基础，重点打造农产品生产、加工、出口基地。目前，邵阳发展外向型农业，可以打造以邵东市为主的黄花菜生产和出口基地，打造以隆回县、邵阳县、新邵县为主的龙牙百合与玉竹生产和出口基地，打造以邵东市、隆回县、洞口县、新宁县为主的中药材生产和出口基地，打造以新宁县、武冈市为主的脐橙生产和出口基地。

第三章　邵阳林业产业高质量发展：现状、问题与对策[①]

近年来，邵阳林业产业化发展以习近平新时代中国特色社会主义思想为指导，紧紧围绕“发展现代林业、打造生态邵阳”目标，林业产业化获得了较快发展。邵阳已初步形成了“龙头带动、协调推进、体制灵活、遍地开花”的竹木加工业发展格局，在基地建设、林产品加工等方面取得了可喜的成绩，在一定程度上实现了农民增收、财政增税、企业增效的目标。

第一节　邵阳林业产业化进程

一、绿色行动成效卓著

（一）以工程项目带动“绿色邵阳”建设效果初显

2012 年，邵阳出台了《三边三区三年绿色行动计划》，掀起了社会参与营造林的高潮，在城市“三区”（城镇区、农业区、生态区）实施了造林示范基地建设、森林城市绿色通道建设、秀美村庄建设等一系列营造林工程，完成“三边”（城边、路边、水边）造林 2.67 万公顷，城市“三区”完成各类造林 0.65 万公顷，城市“三区”森林覆盖率大幅增长，为市区创建国家级森林城市奠定了坚实的基础。“十二五”期间，邵阳把“绿色邵阳”作为立市品牌，依靠大工程，建设大生态，通过实施长（珠）江防护林、退耕还林、速生丰产林、石漠化治理等一批国家生态重点工程，完成各类造林 11.37 万公顷，完成中幼林抚育 19.33 万公顷。

---

① 因统计数据的时段划分，本章数据以“十二五”期间数据为准。

（二）义务植树成效明显

邵阳各部门和广大人民群众积极响应义务植树绿化国土的号召，参加义务植树 2 423.6 万人次，平均尽责率为 84.5%，完成义务植树 9 884.1 万株，新建义务植树基地 676 个，面积为 5 933.3 公顷，完成公路绿化 4 389.1 千米，河渠绿化 1 741.8 千米。

（三）样板示范效果凸显

邵阳创办城郊荒山造林、新造林和速生丰产林造林等大规模示范基地 156 个，面积为 0.28 万公顷。有实力的企业创办了各类生态农庄、林业产业园 12 个，每个平均投入 5 000 万元以上，样板示范效果明显。

二、林业产业提质增效

（一）传统产业不断扩大

隆回县金银花产量占据全国的约 50%，并成功引进国药控股集团开展金银花精深加工。油茶产业发展速度加快。“邵阳茶油”荣获国家地理标志证明商标、国家地理标志产品保护。邵阳县为中国油茶之乡、中国茶油之都、全国油茶基地建设示范县，“中国·邵阳国家油茶产业示范园”正式在该县挂牌成立。绥宁县被誉为“万顷油海”，是全国油茶基地建设示范县。邵阳市共有油茶种植、加工企业（合作社）130 余家，其中国家级林业产业龙头企业 1 家、省级林业产业龙头企业 8 家、湖南省十大茶油品牌企业 2 家、中国驰名商标 1 个。以邵阳县油茶产业为辐射点，邵东市、新邵县、城步县、隆回县、新宁县、大祥区、双清区、北塔区等地相继加入了油茶产业开发的行列，完成油茶新造 0.17 万公顷，低改 0.33 万公顷，新建高产油茶万亩乡 2 个、千亩村 7 个、百亩户 123 户。

（二）林产工业转型提质

邵阳淘汰了部分低效益、高消耗企业，关停和取消部分企业，实施产能转型。木竹家具及制品产业为邵阳新兴优势产业。邵阳现有 50 余家木竹家具及制品加工企业，其中国家林业重点龙头企业 1 家、省级林业产业龙头企业 7 家。邵阳木竹家具及制品年产量 1 200 万套（件），家具及制品产值达 15.77 亿元；拥有中国驰名商标 3 个，拥有湖南省竹产业十强企业 3 家。邵阳主要林产品产量明显增加，林产工业完成产值突破 200 亿元大关，达到 230 亿元。

（三）林下经济彰显特色

邵阳在积极发展传统林下种植、林下养殖经济的基础上，引导有实力的大户、公司引进新品种，发展林下特色经济。“十二五”期间，邵阳林下种植、林下养殖、林下产品采集加工、林下旅游等产业稳步增长，林下经济发展面积为22万公顷，林下经济总产值达55亿元。邵阳现有工商注册的林下经济发展企业或专业合作社715家，其中省级林业产业龙头企业18家。邵东市、新邵县的高山玫瑰基地，邵阳县的南方牡丹基地，新宁县、邵东市的铁皮石斛基地都已具备一定规模，在湖南较有名气。邵阳县、新宁县成为湖南林下经济发展重点县，崀山中药材种植公司等7家企业及合作社被确定为首批省级林下经济示范基地。

（四）森林旅游方兴未艾

森林旅游蓬勃发展，生态农庄、乡村旅游如火如荼。“十二五”期间，邵阳打造了城步两江峡谷国家级森林公园、隆回望云山省级森林公园、隆回白马山省级森林公园，洞口罗溪省级森林公园升级为罗溪国家级森林公园，龙山森林公园新邵龙山景区更名为新邵岳坪峰国家级森林公园。城步金童山自然保护区已升格为国家级自然保护区。邵阳新增了邵阳天子湖、城步白云湖、绥宁花园阁、洞口平溪江、新邵筱溪等国家湿地公园。新宁崀山国家地质公园、新宁舜皇山国家级自然保护区和武冈云山、隆回魏源湖、宝庆森林公园等成为邵阳吸引省内外游客、拉动地方经济的重要推手，年接待游客460万人次，创造生态旅游产值达31.64亿元。

（五）花卉产业发展态势良好

邵阳是仅次于长沙的湖南第二大花卉产区，有267家园林绿化及花卉苗木生产企业和合作社，建立小型花木市场20多个，花木专业合作组织75个，从业农户3.5万余家，从业人员10万余人。“十二五”时期末，花卉种植面积达1.77万公顷，年销售观赏苗木4 280.4万株，盆栽植物579.3万盆，鲜切花26万余支，草皮26.8万平方米，花卉年产值达31.5亿元。邵阳有省级林业产业龙头企业12家，涌现出了湖南紫薇集团投资有限公司、邵东市古奇洞玫瑰开发有限公司和湖南花研园林景观有限公司等年销售额上千万元的大型花卉企业。其中，湖南紫薇集团投资有限公司年产紫薇产品18万件（株）、罗汉松5.5万件（株）、其他产品16.5万件（株），产值达2亿多元。2014年，湖南紫薇集团投资有限公司代表湖南参加青岛世界园艺博览会，扩大了邵阳特色花卉的影响力与知名度。

三、林业发展后劲夯实

（一）项目建设卓有成效

邵阳重点围绕油茶产业发展、石漠化综合治理、长江防护林工程、木材战备储蓄库、林下经济、林区基础建设等项目进行建设，“十二五”期间共争取退耕还林、石漠化治理、油茶产业发展、世界银行贷款、湿地和自然区保护等20多个项目落户邵阳，争取各类项目投资近40亿元。

（二）国有林场改革进展顺利

邵阳的36个国有林场全部明确为公益一类或二类事业单位，确定事业编制4 125个，其中全额拨款2 595个，差额拨款1 530个，通过购买服务等形式妥善安置富余职工1 774人；林场职工按照自愿原则纳入社会保障，职工参保率达93%以上；落实了国有林场自主经营权，实行场长负责制，剥离了林场各项社会职能。

（三）宣传舆论引导有力

主动加强与电台、报纸等新闻媒体的沟通和衔接，充分发挥各类新闻媒体的舆论主阵地作用，“十二五”期间，共收集和上报信息2 300余条，编发《邵阳林业》136期，被国家林业和草原局、省林业和草原局、市委市政府，以及中国绿色时报、湖南日报、邵阳日报等相关媒体采用800余篇。邀请省、市主流媒体对邵阳市“三边三区三年”绿色行动、生态公益林建设、绿色邵阳建设进行了全方位报道。进一步提高了全民生态文明意识。

四、森林资源管理不断强化

（一）森林资源严格管理

“十二五”期间继续实施林木采伐指标入村到户的惠民阳光工程，共约290万立方米集体林主伐指标的及时率、公示率和到户率均达到100%。严格执行森林采伐限额管理，结合省委“绿色湖南”和市委、市政府“生态立市”决策，充分发挥森林的生态、经济和社会功能，大幅度减少年采伐量，全市“十二五”期间年实际采伐量均在70万立方米左右，只达到年采伐限额的33%，并逐年减少。邵东市、新邵县、邵阳县、武冈市、双清区、大祥区、北塔区等县（市、区）通过决议，林木已全面实行禁伐，隆回县、新宁县、城步县等地实行部分乡镇或国有林场禁伐。邵阳认真组织全市森林资源二类调查，进一步摸清林业家底。木竹经营、加工管理进一步规范。邵阳区划界定了市辖三区范围内市级公益林0.58万公顷。

（二）森林防火常抓不懈

邵阳严格落实市政府出台的《关于在重点防火期森林防火区内禁止野外用火的通告》《关于进一步加强森林防火工作的通知》和《关于加强森林防火群防群治工作的实施意见》的相关要求，修订了《湖南省森林防火应急预案》；成立了300人的县（市、区）武警森林灭火救援队伍，建立了村级护林员制度，由各地财政保障护林员基本工资。邵阳争取了国家森林防火项目支持，完成了总投资3 270万元的邵阳森林重点火险区综合治理二期、三期工程建设，初步建立了林火视频监控系统，强化了基层专业队营房、物资储备库等基础建设。邵阳开展了森林防火航空宣传、网络媒体宣传、“禁火令”入户签收等形式的宣传，增强了广大群众的森林防火意识。邵阳举办了全市森林防火培训班，进一步提高指挥人员的指挥组织扑救能力。2011年以来，邵阳共发生森林火灾332起，受害森林面积为1 558.83公顷，死亡1人、重伤1人、轻伤1人，无重大、特大森林火灾，森林防火实现了火灾次数、受害森林面积、损失林木蓄积、伤亡人数重点指标的“四个下降”。

（三）林业有害生物科学防治

“十二五”期间，邵阳林业有害生物发生面积为22.46万公顷，共投入防治资金2 392.65万元，防治面积为10.63万公顷，其中无公害防治面积为10.2万公顷。成灾面积为0.66万公顷，平均年成灾率为0.119%，低于0.4%的目标管理指标。

（四）野生动植物保护措施有力

（1）加强了基础设施建设，完善了监测网点设置。邵阳完成了隆回县屏风界、新邵县羊古坳、新宁县黄沙塘、城步县大竹山四个候鸟保护站的站房及软硬件等基础设施建设，开展巡查值守工作，加强了对候鸟的保护。邵阳建成一个国家级监测中心和四个省级监测中心，配备了监测工具，培训了监测技术，完善了监测制度，科学有序地开展了野生动物疫原疫病监测工作。

（2）加大了宣传力度。邵阳利用爱鸟周、世界动植物日、世界湿地日等进行了广泛宣传，通过广播、电视、互联网新闻媒体向社会宣传湿地保护和生态保护的法律法规，提高全社会保护生态与生物多样性的认识，营造保护生态的良好氛围。

（3）每年开展联合执法行动，对候鸟重点区域隆回县、新邵县以及新化县，每年开展联防联控。邵阳震慑了肆意破坏野生动植物的违法犯罪分子，全市没有发生重大滥杀猎捕事件，候鸟迁徙畅通无阻。邵阳切实加强了对候鸟等野生动物的保护，开展了“让鸟儿自由飞翔”宣传活动和联防工作会议，加大新宁县、隆回县、城步县等地候鸟监测站建设。

（4）湿地保护面积不断扩大。邵阳共有大小湿地1 431处，湿地总面积为41 876.21公顷，占全市土地总面积的1.98%。“十二五”期间，邵阳完成湿地保护面积达20 302.97公顷，占湿地总面积的48.48%。邵阳已有绥宁花园阁、城步白云湖、隆回魏源湖、邵阳天子湖、洞口平溪江、新邵筱溪六处成功申报成为国家湿地公园建设试点，国家湿地公园建设试点总面积已经达到6 676.8公顷。

五、林业科技推广服务能力增强

（一）通过搭建林业科技合作平台等方式促进林业科技成果转化

“十二五”期间，邵阳完成省级林业科技成果4项，市级林业科技成果2项，通过搭建“科研院所+林业生产单位合作”平台，建立持续、稳定的产学研合作关系，在科技创新、知识产权创造、成果应用等方面密切合作，引进国内领先林业科技成果6项。

（二）积极争取中央财政林业科技推广示范资金支持

地方政府和企业根据国家项目申报要求，在已有项目储备的基础上通过精心策划组织申报，争取中央、省级财政资金的支持。“十二五”期间，邵阳有3个重点跨区域推广示范项目、6个其他推广示范项目以及1个标准化示范建设项目获中央财政林业科技推广示范资金的支持，争取中央财政总投资达810万元。

六、林业行政执法规范有序

（一）强化了执法监管

“十二五”期间，邵阳进一步强化木竹经营、加工管理，依法处罚违章单位156家，责令停业整顿单位28家，吊销经营加工许可证单位120家。邵阳严厉打击违法占用林地行为，查处违法案件136起，做出行政处罚122起，刑事立案14起。

（二）林业行政执法力度进一步加大

“十二五”期间，邵阳严厉打击各类涉林案件，有力震慑了犯罪分子，共受理各类涉林案件8 780起。其中，刑事案件445起，抓获犯罪嫌疑人399人，逮捕72人，移送起诉162起、206人；行政案件8 335起，处罚8 600余人，没收木材25 800立方米，罚没收缴1 290万元，为国家、集体和个人挽回直接经济损失1 800万元。

第二节　邵阳林业产业化发展现状

一、围绕市场建设原料林基地，资源培育与加工业发展协调推进

为推进林业产业化建设，邵阳市委、市政府出台了《关于加快我市楠竹产业化发展的决定》等相关文件，适时提出把松竹和药材两大产业作为邵阳农村支柱产业，有力地推动了松竹和药材加工业大发展。各县（市、区）在贯彻市委、市政府相关文件精神，发展松竹和药材产业的过程中，紧紧围绕市场建设原料林基地，推进森林资源培育与加工业协调发展，采取了多种有力措施，取得了明显的成效。以 2017 年为例，邵阳全年累计完成造林面积达 76 475公顷，其中人工造林面积 24 286 公顷（含新造混交林 9 015 公顷、新造灌木林 5 627 公顷、新造竹林 147 公顷），新封山（沙）育林面积 20 067 公顷，退化林修复面积32 212公顷；森林抚育面积 54 193 公顷，年末实有封山（沙）育林面积达53 644公顷，年苗木产量 8 211 万株。截至 2018 年年末，邵阳林地总面积为1 982. 98万亩，有林地面积 1 740. 55 万亩，森林覆盖率为 60. 65%，活立木总蓄积为7 768. 97万立方米①。邵阳森林资源分布集中，主要树种中的杉、松、竹，绥宁县、城步县、洞口县、新宁县、隆回县的林分面积占邵阳林分面积的 75. 8%，林分蓄积占邵阳林分蓄积的 79. 8%，毛竹株数占邵阳毛竹株数的 90%。上级每年下达的邵阳林木采伐指标为 180 万立方米、楠竹 1 000 余万根，实际每年采伐为 175 万立方米，其中商品材采伐量达 80 万立方米，楠竹 800 万根，有力地支持了当地造纸、木胶板、竹胶板、木模板以及竹木家具工业发展。邵阳每年林木生长量约为 280 万立方米，楠竹生长约为 2 600 万根，消耗量没有大于生长量，确保了资源培育与加工业发展协调推进。

二、龙头企业鹤立鸡群，支柱产业初步形成

据调查统计②，到“十二五”时期末，邵阳持证生产的各种竹木加工企业达 1 312 家，其中年产值在 100 万元以上的规模加工企业有 80 家，占企业总数的 6. 1%；年产值在 500 万～1 000 万元的较大型加工企业有 12 家；年产值在 1 000万元以上的大型加工企业有 7 家，其中绥宁联合造纸厂年产值超过 2 亿

① 数据来源：邵阳市林业局。

② 数据来源：笔者 2015 年组织的统计调查数据。

元。在80家较大规模的松竹加工企业中，按地域分，绥宁县有34家，城步县有16家，邵东市有6家，双清区有4家；按类型分，竹胶板厂有26家，木胶板厂有16家，松竹造纸厂有4家，单板厂有4家，筷子厂有2家，竹木地板厂有2家，竹砧板厂有1家，家具厂有1家。这些龙头企业大显身手，生产的“宝庆牌”竹胶板、“宝庆牌”松材包装纸、竹木地板等，成为邵阳松竹加工业的主导产品，广大加工户还大量生产竹筷、竹砧板、竹凉席以及竹箩、竹筛等农用产品，松竹加工业带动10万农民群众参与松竹产业化发展。2015年，邵阳竹木加工企业总产值约为15亿元，上缴税收达18 225万元，实现利润11 520万元，这三项主要技术经济指标均比上年同期增长10%以上。林区农民年均松竹产业收入达1 500多元，占农民年均可支配收入的20%以上。松竹及药材产业在邵阳农村产业结构中的支柱地位基本形成。

在推动松竹加工业发展方面，主要体现有五大特点：一是依托本地资源优势，积极发展现代林纸产业。邵阳在松竹产业化过程中，充分发挥本地松材资源丰富的优势，加强对现有造纸企业的技术改造。以绥宁联合造纸厂、湖南第一纸板厂和邵阳造纸厂为龙头企业组建的宝庆造纸集团公司，造纸能力逐年提升。2015年，邵阳松材造纸达16.8万吨，产值突破6亿元，仅宝庆造纸集团公司年造纸量即达8万多吨。二是做大做强主导产业，积极培育“拳头”产品。2010年，绥宁县竹胶板生产能力不足3万立方米，仅20条生产线，通过几年的发展，到2015年年末竹胶板生产线迅速增加到40条，年生产竹胶板8万多立方米，产销率达99%，产值突破3.2亿元。据绥宁县宝庆竹业集团公司介绍，该集团在邵阳各县（市、区）生产的“宝庆牌”竹胶板，2015年产销量高达10万立方米，销往全国各省、自治区、直辖市，占领全国竹胶板市场的50%，占领北京建筑模板市场的70%，成为全国竹胶板名牌产品。受“宝庆牌”竹胶板带动，城步县、洞口县、新邵县、新宁县等楠竹主产县都发展了以农民千家万户织竹帘、公司收购竹帘生产竹胶板的农工商一体化产业发展模式。邵阳现有竹胶板生产线70条，年生产竹胶板能力达25万立方米，可实现加工产值近12亿元。三是探索特色工艺，发展特色产品。运用竹麻制浆生产高级竹浆纸，是城步县造纸厂多年摸索成功的一项特殊工艺。竹浆纸品具有木浆纸品难以比较的优点。生产竹浆纸的城步县造纸厂被国家税务总局确定为全国两家定点生产防伪水印发票纸的厂家之一，2015年生产高级水印发票纸6 000多吨，产值为8 000多万元，实现利税1 200多万元。四是加强流通管理和资源保护，确保林业产业化可持续发展。长期以来，邵阳一些群众“靠山吃山”的思想比较严重，超伐、滥伐和毁林犯罪现象时有发生。为此，邵阳始终坚持造林管林“两手硬”，严格执行限额采伐制度，规范“三证”管理，严厉依法打击涉林犯罪，切实保护好森林资源，确保林产加工业的可持续发展。五是大力发展非公有制经济，按市场运作方式发展林产加工业。

第三节　邵阳林业产业高质量发展存在的主要问题

近年来，尽管邵阳林业产业化建设速度较快，促进了当地林农致富奔小康，带动了地方经济发展，但由于产业发展起步迟、基础弱、管理制度不健全，因此从长远发展趋势来看，产业化发展还存在一定的问题。

一、认识水平低，林产业加工后劲不足

多年来，受国家政策的影响和国家财政的支持，邵阳林产品种植面积大幅扩大，林产品种类不断增加，但是部分县（市、区）的政府部门还没有正确认识到林业产业化对林业产业高质量发展的重要作用，在推进林业产业化发展方面的引导力度还远远不够，认识水平也较低。政府部门看准并实施了一些林业产业化重点项目，但由于没有协调有序的组织机构和统一管理的过硬措施，政府制定产业化发展目标后，往往操作困难、支持不够、后继乏力。例如，发展楠竹产业确实很有前途，但没有有力措施来调动农民的积极性，以致楠竹工程建设进展不快；金银花效益可观，但扩大规模与更新技术不配套，深加工成为制约该产业发展的“瓶颈”。企业和政府在一定程度上依然存在忽视林业生态效益的现象，没有形成加强林业资源培育与林业产业加工协调发展的观念，片面强调“木头财政”，对林业只取不予，致使林产业加工后劲严重不足。

二、宏观调控能力弱，无序竞争严重

由于缺乏必要的调控手段，林产品市场低水平的重复建设严重，林业产业发展处于盲目无序的状态，森林资源没有被合理配置和有效利用，林业资源的浪费现象严重。例如，曾经有一段时间竹胶合板销售价格较高，经济效益较好，因为调控管理不到位甚至缺乏管理，几乎所有竹木生产区都进行竹胶合板加工，其中很多企业是低水平重复生产，大量生产必然导致挤占市场，滞销情况严重，最终竞相降价销售，导致许多竹胶合板生产企业出现亏损，资源浪费，形成恶性循环。

三、企业规模小，产业趋同现象突出

邵阳林产企业大多是小型民营企业，没有大型龙头企业带动。因为小型企业数量居多，产业趋同现象突出，难以形成规模效益。目前，邵阳林产企业共有 1 312 家，其中年产值上 100 万元的仅有 80 家，绝大部分为乡镇小型企业和家庭作坊。邵阳 4 家造纸厂年产量偏低，甚至比不上岳阳纸业集团公司年产量的 1/5。在 80 家较大规模企业中，竹胶合板厂有 30 家，造纸厂有 4 家，单板厂有 4 家。

四、产品档次低，品牌优势不强

邵阳大多数林产品是粗加工品，加工产品的科技含量低，附加值难以体现出来，而且产品质量也参差不齐，没有形成产品品牌，产品投放市场的竞争力不强，尽管有资源优势，但没有转化为产业优势。虽然“宝庆牌”竹胶板在国内有一定名气，但由于竹胶板产品是一种科技含量低的大众化产品，国内市场竞争激烈，因此最近几年价格大幅下降，利润迅速下滑，产量急剧减少。邵阳现有 70 条竹胶板生产线，年生产能力为 25 万立方米，而 2015 年实际生产 16 万多立方米，足见竹胶板生产企业开工不足。松香本是邵阳一大优势产业，但加工工艺主要是土法生产，产品档次不高，很难达到出口标准，只能满足一般用户的使用需求。

五、资源培育机制尚未建立健全，制约了林业产业化发展

由于林业产品生产不同于其他工业生产，林产品原材料的培育时间长，如马尾松的轮伐期在 15 年左右，同时采伐还会受到采伐数量限制和采伐税费等因素的影响，因此很多林产企业因为投资回报期长及国家有关政策限制等因素，而不愿意大规模投资建立工业原料林基地，主要还是依靠国家投资营造的森林资源发展生产。这样一来就造成林木原材料基地与加工企业条块分割，相互脱节，很难形成公司、基地和农户相结合，林工贸一体化的林业产业化经营模式。这严重制约了邵阳林业产业化的健康发展。

六、林业产业投入不足，投资结构不合理

因为受传统经营观念的束缚，大多数林业产业经营者只想单纯依赖政府的投入，以林业产业经营者为投资主体的多元投资体系没有真正建立起来。此外，邵阳林产加工企业还因为规模小、效益差，存在负债较多的情况，因此向

商业银行贷款的难度大，难以投资基地建设。加之受林地经营权不稳定、林木生产周期相对较长、各种税费偏高、林农和企业负担过重等因素影响，林业吸纳社会投资太少，无法满足林业产业化快速发展的需要。

第四节　实现邵阳林业产业高质量发展的相关对策

一、与时俱进更新观念，高度认识林业产业的战略地位

各级领导要高度认识新时期林业产业化的重要意义，坚持政府主导，加强林业主管领导的责任意识，把林业建设目标任务的完成作为对政府部门和主管领导的考核指标之一，实行任期目标管理，严格考核和奖惩，同时接受群众的监督。邵阳应建立重大毁林案件、森林防火、林业工程质量等事故问责制度，对毁损森林资源、破坏林业建设的行为加以严惩，从思想认识上提高林业产业的战略地位。

二、坚持林产业生态发展，实施林产业分类经营

实现林业产业高质量发展，首先必须要坚持生态优先、实施分类经营的原则。一方面，邵阳应依托国家生态林补偿机制，遵循谁受益谁补偿，社会受益、政府统筹的原则，对生态公益林严控采伐，对投资主体给予必要的经济补偿；另一方面，邵阳应通过封山育林、退耕还林、天然林保护、长江中上游防护林建设等生态林工程建设，不断扩大生态林规模，使之达到林地面积的60%。此外，邵阳应根据树种结构“一降三增”（降杉、增松、增竹、增药）的调整方针，以退耕还林等林业重点工程为契机，积极推进松竹产业基地、药材林产业基地建设，大力发展商品林。同时，邵阳要根据市场需求，尽快争取国家立项，引进杨树等速生丰产树种，建立造纸等工业原料林基地，通过示范、试种，并在山地、旱土、低产农田迅速推广种植。

三、扶持林业龙头企业，带动林业产业化发展

地方政府和企业要紧抓国家对龙头企业的各项优惠和扶持政策，营造企业发展的宽松环境，首先加快培植一批辐射面广、科技含量高、行业带动力强，而且产品附加值高的林竹、林纸、林药加工企业为龙头企业，然后在优先发展龙头企业的基础上，带领行业内相关企业和基地建设协同发展。邵阳应鼓励具有资源优势和区域优势的中小企业，通过与有一定市场知名度、具备技术优势

和品牌效益的大企业实施联合，实现企业的规模扩张和效益、竞争能力的提高，充分发挥龙头企业的生产带动、发展示范、效益辐射和行业推动作用。

四、优化林业经济环境，扩大林业产业招商引资

资金短缺是妨碍林业产业高质量发展的因素之一。推进林业产业化发展，各级政府部门必须主动出击，优化林业产业发展服务环境，简化林产品生产、加工、销售的办证审批环节和手续，加大招商引资力度，因地制宜合理采取合资、合作等经营方式，吸引一批像上海新浪潮集团有限公司、岳阳纸业集团等龙头企业投入商品林、工业原料林培育和林产加工业重大项目建设。同时，邵阳应广泛动员当地群众投工投资，主动依靠自身力量发展当地林业生产，推进林业产业高质量发展。

五、实施名牌战略，大力发展品牌产品

对已获得湖南省名牌产品的“宝庆牌”竹胶合板、“宝庆牌”松材包装纸，邵阳要继续提高产品质量，巩固名牌产品地位，同时加大品牌的宣传力度，扩大品牌影响力，提高市场占有率，争创国家名牌。对没有获得省内名牌的企业，邵阳应在技术创新和质量管理上下功夫，不断提高企业产品的技术含量、市场占有率、附加值和竞争力，争创省内名牌。邵阳应重点抓好中（高）密度纤维板、脂松香、实木地板、强化复合板等产品的创名牌工作。

六、提高科研水平，实施科技兴林

邵阳实施科技兴林战略，要力争在以下几个方面取得实质性突破：第一，利用本地丰富的马尾松、杉木等树种作“母木”，选育适宜在当地气候条件下生长的速生丰产树种。第二，研究杨树在水含量相对较低的广大丘陵山区速生丰产的技术。第三，在邵阳林科所小面积桉树试验的基础上，扩大试验规模，选育几个耐土地贫瘠、能在本地安全越冬的桉树品种。第四，解决丰产食用笋在本地栽培的相关技术问题。第五，在各林产工业企业内部设立技术开发中心，重点研究造纸、楠竹、金银花等深加工技术，提高企业竞争力，使科学技术成为林业产业化建设的重要“助推器”。

第四章　邵阳工业产业高质量发展：现状、问题与对策

近年来，邵阳工业战线以党的十九大精神为指针，坚持科学发展、后发赶超、富民强市方略，按照“稳增长、调结构、保稳定”的总体要求，以经济强市为终极目标，以信息化带动工业化，大力发展循环经济和低碳经济，以现有工业企业为基础，以工业园区为平台，打造主导产业、产业集群、知名品牌和核心企业，由“大办工业”向“办大工业”转变，大力培育战略性新兴产业，着力发展特色产业，通过优势产业新格局的构建，实现邵阳工业持续、快速、健康发展。

第一节　邵阳工业产业发展现状

一、工业经济总体规模快速扩张

（一）行业门类分布广泛

按照我国经济行业标准分类，全部工业行业划分为 41 个行业。目前，邵阳除石油和天然气开采、采盐业、其他矿采业以外的其他 38 个行业均有分布。

（二）工业总产值快速增加①

“十二五”以来，邵阳工业总产值快速增加。2015 年，邵阳全部工业总产值达 2 200 亿元，规模工业总产值达 1 879 亿元，年均增长 21.7%，是 2010 年 704 亿元的 2.67 倍，是“十二五”目标 1 750 亿元的 1.07 倍；规模工业增加值为 540 亿元，年均增长 20.6%，是 2010 年 211 亿元的 2.56 倍，是“十二五”目标 550 亿元的 98%。企业个数由 2010 年的 888 家增加到 2015 年年底的

① 考虑到数据的准确性和比较说明的有效性，以“十二五”期间数据为准。

1 100家，年均增长3.9%，是“十二五”目标的1 300家的85%。特别要说明的是，2010年规模企业的入规标准是年主营业务收入500万元，而2015年规模企业的入规标准是年主营业务收入2 000万元。如果按原口径统计规模企业，则规模企业数远远大于“十二五”目标的1 300家，规模工业增加值大于“十二五”的550亿元目标值。企业经济效益稳步增长，2015年，邵阳规模工业盈亏相抵后实现利润超过61.7亿元，是2010年22.5亿元的2.74倍。

到2018年，邵阳实现全部工业总产值增长10.3%，其中规模工业总产值增长10.3%，全部工业总产值达2 800亿元，规模工业总产值达2 500亿元，全部工业总产值和规模工业总产值分别是2015年的1.27倍和1.33倍。

（三）拳头产品种类增加

到2018年，邵阳工业主要产品有工程搅拌汽车、纺织机械、液压件及系统、水电设备、机制纸及纸板、罐头、奶制品、肉制品、精制大米、豆制品、皮革、皮鞋、合成氨、硝酸铵、化肥、炸药、化学药、中成药、打火机、五金工具、水泥、电、皮发制品、原煤等26类。其中，出口的有甾体激素、丙戊酸系列产品、纺织机械、五金制品、打火机、液压泵、罐头食品、皮革及制品、冷鲜肉、皮发制品等；在国内占有较大市场份额和处于领先地位的有工程搅拌汽车、纺织机械、液压基础件、绝缘纸板、猪牛皮革、丙戊酸系列产品、五金工具、打火机等。

二、主导产业持续壮大①

“十三五”以来，以轻工、装备制造、食品、建材为主的优势产业不断发展壮大，邵阳年产值过亿元的企业数量达566家。其中，年产值超过50亿元的企业有1家，实现年产值50亿元企业的零突破；年产值超过20亿元的企业有7家；年产值超过10亿元的企业有20家；年产值超过5亿元的企业有73家。以小五金、打火机、造纸、皮发、箱包等为主体的轻工产业实现年均增长11%；以搅拌车、纺织机械、水轮发电机、液压基础件、农业机械等为主体的装备制造产业实现年均增长近5%；以湘窖酒业、南山乳业、李文食品、豫湘工贸、恭兵食品、华鹏食品、浩天米业等为主体的农副食品产业累积实现增加值111.15亿元，完成“十三五”规划目标值的60.08%。此外，以海螺云峰水泥、南方水泥、双雄矿业、方正胶合、中集集团、绥宁佰龙为主体的建材产

① 数据来源：根据“十三五”以来各年发布的邵阳市国民经济和社会发展统计公报以及各年邵阳市政府工作报告整理、计算获得。

业，以湘中制药、中南制药（玉新药业）、科瑞生物科技等为主体的医药产业，以宝庆煤电、筱溪电站、望云山风电为主体的能源产业，产业集群的发展在带动服务业、物流业、包装业、农林业发展等方面做出了突出贡献。这些产业已成为邵阳名副其实的支柱产业。

三、工业园区建设突飞猛进

截至2018年年底，邵阳共有11个省级工业园区，综合评价排名居全省第6位，连续三年排位上升。湘商产业园建设继续领跑全省，累计开工标准厂房面积达501万平方米，竣工面积达485万平方米，累计签约企业达815家，其中已入驻596家，投产512家，实现产值达441.6亿元，上缴税收18.6亿元，解决就业5.38万人。邵东市经济开发区推进“一区多园”建设，新打造了几个专业园区，工业智能化改造、产业转型升级成绩显著。邵阳发制品、邵东打火机、邵东箱包等园区获批国家外贸转型升级基地。“十三五”以来，邵阳的省级重点园区工业产值年均增长达9%。

四、招商引资成绩显著

“十三五”以来，邵阳市委、市人大、市政府、市政协齐心协力，将招商引资和开放带动作为促进邵阳经济发展的重要手段，制定了“迎老乡、回故乡、建家乡”的决策，号召广大邵商回乡兴业，取得了巨大成绩。邵阳坚持以引进世界500强企业、中国500强企业、民营500强企业、制造强省20大产业链企业为工作重点，主导产业发展不仅有了量的提升，也发生了质的转变，由过去的轻化型、能耗型转为智能型、绿色型。邵东锐科机器人在中国青年创新创业板挂牌上线，智能家电小米电饭煲、邵东智能制造、3D打印等一批新兴产业项目建成投产或单项投产，彩虹集团邵阳特种玻璃、桑德集团、富电集团、湘电集团等一批重大产业项目签约落户，皮具箱包、印刷、小五金、打火机、品牌服饰、发制品等一批传统特色产业联建园区开始成建制升级。2016—2018年，邵阳累计新批外资项目共83个，实际利用外商直接投资达7.93亿美元（约合52亿元人民币），外商直接投资额年均增长16.0%；累计引进市外资金（境内市外）共4 221.7亿元，实现年均增长21%，其中省外资金（境内省外）1 003.2亿元，实现年均增长17%。2016—2018年，邵阳累计引进亿元以上项目数量达330个。招商引资规模居湖南前列，成绩显著。

五、技术创新能力不断增强[①]

“十二五”期间，邵阳不断加大对工业投入的力度，完成工业投资额达2 344亿元（含技改投资），是“十一五”期间1 100亿元的2.13倍，年均增长16.3%，是“十二五”目标2 300亿元的1.02倍。邵阳把提高自主创新能力作为转变发展方式的重要手段，不断加大科技研发经费投入，企业技术创新支出比重由2010年的1%上升到1.43%；高新技术企业数量达到279家，比2010年新增169家；高新技术产业增加值由2010年的52.5亿元增加到185.4亿元，占规模工业增加值的比重由25%提高到37.7%；实现新产品产值660.9亿元，是2010年173.4亿元的3.81倍；2015年获得发明专利253件，是2010年的2.11倍，获得专利授权988件，是2010年的2.4倍。

截至2018年年底，邵阳从事高新技术产品生产的企业数量达813家，比2017年年底增加了274家，其中通过湖南省科技厅认定的高新技术企业数量达114家。高新技术企业2018年实现产值达到1 613.66亿元，较2017年增长18.9%。2018年，申请专利数量达4 940件，比2017年增加了1 746件，同比增长54.7%。全部申请专利中，发明专利有686件，同比增长42.7%，专利授权量达2 734件，同比增长54.8%[②]。

六、产业升级步伐加快

“十三五”以来，邵阳工业加快产业结构调整与产业升级步伐，在医药制造、交通运输设备制造、通信设备、环保综合利用等行业取得重大进展，高新技术企业不断增加，高新技术产业产值不断增加。2018年，邵阳全部工业实现增加值516.12亿元，增长7.4%。其中，高新技术产品增加值总额达400.69亿元，较上年增长19.5%，高新技术产品产值占规模以上工业产值的比重提高了5.1个百分点。代表战略性新兴产业方向的高端装备制造产业、生物制药产业占比达到规模以上工业的15%，节能环保、新材料绝缘纸、新型仪表、生产服务、电子信息等战略性新兴产业也取得快速发展。近年来，邵阳工业产业投资结构不断优化，以2018年为例，邵阳工业产业投资同比增长53.1%。其中，高新技术产业投资增长43.5%，制造业投资增长69.7%，采掘业投资增长34.9%，电力、燃气以及水的生产和供应业投资下降7.6%。邵阳的高新技术产业和制造业不断发展壮大。

---

① 受统计数据来源的限制，这里以“十二五”时期统计数据为准。

② 数据来源：邵阳市2018年国民经济和社会发展统计公报。

第二节　邵阳工业产业高质量发展的优势

一、资源丰富

邵阳矿产资源较为富足，已发现的矿藏种类达74种，其中石膏矿的远景储量达4.4亿吨，工业储量为1.229亿吨，石膏矿的储量和产量均居湖南各市（州）前列，其中邵阳县是全国八大石膏矿产地之一。优质石灰岩矿、大理石矿为省内优势矿种；硫铁矿、冰洲石矿、优质白云岩矿在省内享有盛名。矿藏地有644处，其中大型矿床有23处，中型矿床有33处，小型矿床有61处。此外，邵阳境内森林树种资源丰富，经济林树种达432种，林地面积为1 588.89万亩，森林覆盖率为60.48%，绿色发展没有历史负债。

二、工业基础好

邵阳曾经被国家划定为“三线”（战略后方）建设地区、湖南老工业基地，工业基础较好，工业门类较齐全，拥有在全国领先的三一湖汽、邵阳纺机、维克液压、广信电工和湘丰纸业、湘窖酒业、李文食品、南山乳业、湘中制药、中南制药、南方水泥、云峰（海螺）水泥、国电大唐电力、九兴鞋业、东亿电器、百瑞工具等优质企业，形成了以食品、装备制造、轻工、建材、纺织、医药、化工、电子、能源、有色冶炼为主的十大优势产业与比较完备的产业发展体系，并建有以宝庆工业集中区为龙头的12个产业园区，构建了横向协作紧密、纵向产业链较长的产业布局，为邵阳工业的发展打下了坚实的基础。

三、交通便利

邵阳地处湖南西南部，北与娄底毗邻，南与永州、广西桂林交界，西与怀化相连，东与衡阳接壤。邵阳有洛湛、怀邵衡铁路和沪昆高速铁路，能直达全国各地，有利于物流、人流的集散；有二广、沪昆等高速公路纵横交错，区域合作便捷。邵阳范围内县县通高速、村村通公路，实现了各县（市、区）半小时上高速和以市区为中心的“两小时交通圈”。随着武冈市机场的竣工和邵东市军民两用机场的运用，邵阳将形成“一东一西”的民用机场格局，邵阳将成为“海陆空”一体化的全国区域性综合交通次枢纽城市。

四、劳动力资源丰富

邵阳是湖南的人口大市，截至 2017 年年底，全市常住人口达 721.94 万人，其中 15~60 岁人口约为 571.08 万人，约占常住人口的 79.1%，劳动力资源丰富。邵阳有 3 所高等本（专）科学校和 58 所中等职业技术学校，为培养大量技术人才提供了支持。

第三节　邵阳工业产业高质量发展存在的问题

一、整体实力薄弱，缺乏大型龙头企业

无论是从纵向上还是从横向上来看，邵阳工业放在当今经济全球化高速发展和一体化的环境中，与其他城市的工业相比，发展差距很大，整体实力相对薄弱，缺乏大型龙头企业带动。具体表现为：一是缺少大规模的企业集团和优势企业。截至 2018 年年底，邵阳的产值超过 10 亿元的企业只有 20 家，产值超过 50 亿元的企业仅有 1 家。二是产业链不长，大部分企业产品的原料配件和市场依靠外部，受制于人。三是企业核心竞争能力不强。邵阳工业生产单位共有 35 000 多家，规模工业企业有1 100家，但仅有省级企业技术中心 8 家、国家工程技术中心 1 家，大部分企业产品科技含量低、附加值低，产品竞争力不强。

二、企业融资难度增大，投资力度减弱

一是企业普遍存在发展时间短、自有资本低、资产负债率高、信用水平低、财务制度不健全、盈利能力弱、竞争优势不明显等问题。二是银行机制原因。大部分银行放贷审批权上交，上级对下级考核指标放贷额度有限制规定，信贷人员的风险意识较强，担心被追责，有“宁缺毋滥”的思想，对企业贷款抵押物受理面太窄，企业有效资产不能完全释放。三是融资渠道单一。企业除了向银行贷款之外，如风投、企业债券、股权交易等直接投融资方式的成功案例很少，导致融资渠道源头过窄。四是担保体系不够健全，没有建立风险补偿和担保补助金，自有资本金不大，承保实力不足，担保市场复杂，关联度不高，不能发挥联保作用。在工业企业中，大部分设备陈旧，生产水平低下，企业有很多属于淘汰的工艺技术和设备而且苦于无资金改造，浪费能源、原材料，这些致使企业效益无法提高。

三、人才资源匮乏，品牌意识不强

高端人才的引进、技术人才的培养以及已有人才的留用十分困难，智力型、技能型人才的需求缺口加大，给中小企业的发展带来严重制约。邵阳上万个产品中的中国驰名商标数量极少，市场竞争能力缺乏。

四、政策性生产成本高，增效困难

随着国家环保政策、劳动力保护政策、安全生产政策等政策的日益严格，企业环保、人力资源、安全生产等方面的投入不断加大，成本连年提高。而产品销售价格因大气候的影响不断降低，效益空间不断缩小。

五、结构调整难

因为历史和地缘，邵阳的工业依赖传统产业支撑，战略性新兴产业、高新技术企业因为人才、资金、区位而很难快速发生根本性改革，只能慢慢培养，自然生长。加之近年来，一方面，“工业 4.0”等计划进入国家战略，意味着企业需要大量资金来更换生产设备；另一方面，制造业经济下行，很多依附在这些产业链上的中小企业，处境十分艰难。国家、省的财政性预算资金并未实质性地向邵阳等欠发达地区倾斜，地方财政也无法提供资金支持，造成了新的区域性发展差距拉大的局面。

第四节　邵阳工业产业高质量发展的思路

一、工业发展战略

邵阳工业发展要根据现有的工业发展基础，发挥优势，规避劣势，遵循“市场决定资源配置的经济规律”，利用好国家、省已出台的武陵山片区脱贫攻坚计划、湘西开发计划以及《关于加快邵阳湘商产业园区建设的若干意见》等优惠政策，做到精准发力，打造以邵阳经济技术开发区为核、沪昆高速百里工业走廊为带、县域工业园区为点的“一核一带多点”工业发展新格局，构建富有竞争力的现代工业供给新结构。

（一）内涵发展

邵阳要加大技术改造力度，吸收采用高新技术、适用技术、信息技术，推广使用先进工艺设备，提高企业发展水平和创新发展方式与模式，不断推进产业结构优化和产品升级换代。

（二）特色发展

邵阳要坚持差异化发展战略，对全市现有的各个工业园区进行合理的空间布局，着力培育邵阳经济发展的特色产业区域、特色产业集群和特色产品品牌，形成各具特色和优势互补的产业发展格局。

（三）绿色发展

邵阳要着力推进节能减排，大力提倡发展循环经济、低碳经济和绿色经济，努力构建循环型经济发展产业链。邵阳要加强资源的综合利用，减少废弃物的排放，引导企业走绿色生产、绿色制造和绿色发展之路。

（四）创新发展

邵阳要积极推进产学研合作，突破一批前沿性、关键性、基础性和共性技术，实施创新发展战略，鼓励企业自主技术创新、商业模式创新，支持企业加强新技术、新工艺、新产品研发，通过创新发展，加快龙头骨干企业的培育，完善产业配套协作体系，以县级及以上园区为主要载体，加快培育一批新型工业化示范基地和战略性新兴产业示范基地。

（五）开放发展

邵阳要充分利用国际国内“两个市场”“两种资源”以及独特的邵商资源，了解新常态、适应新常态，把握“一带一路”的商机。邵阳要坚持“引进来”与“走出去”并举，加快开放型经济发展，拓展企业的外部发展空间和提高邵阳工业产品的市场占有率。邵阳要加大承接产业转型力度，不断加大利用外资力度，扩大利用外资规模，优化利用外资结构，扩大利用外资领域，坚持引进资本、引进人才和引进智力相结合。

二、工业发展总体要求及目标

（一）总体要求

邵阳要以党的十九大精神为指导，以完成“四个全面”战略部署为方针，以“后发赶超”为原则，以特色发展、富民强市为主题，以创新驱动、项目兴工为动力，以优化结构、提升层次为主线，以强化科技创新、加快技术改造、突出节能减排、推进两化融合为重点，以“互联网+”为契机，以湘商产业园为平台，优化产业布局，促进工业聚集发展；做大做强做优特色产业，培育发展战略性新兴产业，构建具有邵阳特色、富有竞争力的现代工业发展体系，实现邵阳经济又好又快和可持续发展，再造邵阳老工业基地的辉煌。

（二）工业发展目标

根据国家及湖南省委、省政府对工业发展的战略部署，结合邵阳实际，邵阳工业发展的主要目标如下：

“一快”，即大力实施兴工强市战略，实现工业总量快速扩张。“十三五”时期末，邵阳全部工业总产值将达到 3 700 亿元，年均增长 11%；全部工业增加值将由 2015 年预计的 635 亿元提高到 1 070 亿元，年均增长 11%；规模工业总产值将达到 3 312 亿元，年均增长 12%；规模工业增加值将提高到 952 亿元，年均增长 12%。邵阳工业固定资产投资将由 2015 年的 700 亿元增加到 1 600 亿元，年均增长 18%；五年累计投资额将达到 6 000 亿元，工业总产值及工业投资占全省的份额在“十二五”的基础上将提升 0.5 个百分点；规模工业利税将达到 280 亿元，工业增加值占 GDP 的比重力争达到 34.9%。通过“兴工强市”战略的实施，邵阳二次产业的比重将由 2015 年的 36.7%增加到 2020 年的 39%左右。规模企业数量将达到 1 700 家，人均工业劳动生产率将达 12 万元。“十三五”时期末，邵阳争取打造产值超过 1 000 亿元的行业有 1 个，超过 600 亿元的行业有 1 个，超过 500 亿元的行业有 1 个；争取打造产值超过 100 亿元的企业集团有 1 家，超过 50 亿元的企业有 4 家，超过 30 亿元的企业有 5 家，超过 20 亿元的企业有 12 家，超过 10 亿元的企业有 44 家。

“二创”，即积极搭建创业平台，促进大众创业、万众创新蓬勃发展。邵阳把推进大众创业、万众创新作为发展的动力之源，为打造发展新引擎、增强发展新动力、走创新驱动发展道路提供强有力的支撑。“十三五”时期，邵阳创新创业发展目标如下：一是争取创建国家企业技术中心和国家工业设计中心各 1 家，新增省级企业技术中心和工业设计中心各 8~10 家。二是 R&D 支出占 GDP 的比重力争达到 2.3%，其中省级以上企业技术中心和工业设计中心企业的这一比重达到 3%，每万人专利拥有量力争达到 3.2 件。三是孵化培育一大批创新型企业，以创业促进就业，新增创业顶尖人才累计超过 100 人，扶持大众自主创业累计超过 5 万人，带动就业 50 万人。四是形成 50 家新型创业服务平台。五是培育 100 家创业投资机构，管理资金规模超过 100 亿元。六是以湘商产业园建设为契机，大力引进以创业为主的中小微企业，孵化其快速成长，力争小微企业工业总产值年均增长 18%以上。

“三倍”，即大力实施园区优先战略，促进园区面积、园区产值、园区规模企业倍增发展。“十三五”期间，邵阳要用好用活已出台的《湖南省人民政府关于推进创新创业园区发展加快实施“135”工程的意见》，特别是《关于加快邵阳湘商产业园区建设的若干意见》等政策，按照工业园区化、园区工业化的思路，“十三五”时期末，力争园区规划面积由现在的 78.2 平方千米达到 152 平方千米，园区规模企业数由 607 家增加到 1 000 家，园区规模工业总产值由 1 267 亿元增加到 2 615 亿元，年均增长 15.6%，占全市规模工业总产值的比重由 2015 年的 67.4%增加到 79%。

“四固”，即以骨干龙头企业为依托，促进食品、装备制造、轻工、建材四大优势传统产业巩固发展。“十三五”期间，邵阳要紧紧依靠科技进步，加快运用高新技术进行技术改造，大幅度提高四大产业的科技含量，加快与信息化的融合，提高产业的质量效益和竞争力。邵阳争取到“十三五”末，轻工行业规模工业总值超过 1 000 亿元；食品行业规模工业总产值超过 600 亿元；装备制造行业规模工业总产值达到 400 亿元，力争装备制造企业中 20%的产品和企业达到国内先进水平，力争 2~3 家达到国际先进水平；建材行业规模工业总产值达到 500 亿元。

“五新”，即以国家产业政策支持为契机，引进和培育生物（医药）、电子信息、新材料、新能源、节能环保五大战略性新兴产业快速发展。战略性新兴产业是新兴科技和新兴产业的深度整合，是要素驱动向创新驱动转化的代表，是产业发展方向。邵阳在继续大力支持已有战略性新兴产业的基础上，大力引进一批战略性新兴产业和高端装备制造业。目前，邵阳战略性新兴产业主要包括生物（医药）产业（湘中制药、中南制药、玉新药业、科瑞生物、廉桥医药、长城生物、飞力格），电子信息产业（新鼎盛电子、拓奇科技、邵阳广电传媒、邵阳手机报、邵阳城市规划设计院、视点、欧泊数字），新材料（信多利、广信电工、仁海科技、化工新材料、有色冶金新材料），新能源（大唐南山、三一南山、湘电南山、隆回风电、黄金风电、隆回凯迪），节能环保（永清环保、邵阳纺机、佑华净水、盛昶新材、新邵再生产业园）五大产业。邵阳应当大力培育和支持五大产业。“十三五”期间，邵阳将引进和培育高端制造企业 5~10 家，新材料企业 50 家，生物产业企业 20 家，新能源产业企业 20 家，信息产业企业 50 家，节能环保企业 20 家。此外，邵阳通过对传统装备制造工业的升级转型，使原隶属于机械制造的三一湖汽、邵纺机、维克液压等 50%的企业蜕变进入先进装备制造业行列。

“六扶”，即将食品、建材、生物医药、皮发制品、打火机、特色旅游产品加工六大行业以“公司+基地+农户”的方式作为产业扶贫攻坚的重要领域，实施产业精准扶贫，实现“小康邵阳”。产业扶贫是开放式扶贫的核心内容。“十三五”期间，邵阳坚持以问题为导向，创新扶贫机制，支持和鼓励食品、建材、生物医药、皮发制品、打火机、特色旅游产品加工行业中的龙头骨干企业，采取“公司+基地+农户”的方式，在解决企业原材料和人力资源的同时，做到引领、帮助、带动农民脱贫致富。到 2020 年年底，洞口县、绥宁县、武冈市、城步县、新宁县以食品、建材、特色旅游产品加工为突破口，着重解决有产品没资金、有人力没技术的问题，将产业链向上延伸，直接连接到贫困农户，实现精准扶贫；邵东市、新邵县、邵阳县、隆回县以生物医药、皮发制品、打火机行业为突破口，着重解决利益机制、品牌和名牌的问题，让贫困户跟着能人走、能人跟着企业走、企业跟着市场走，实现脱贫致富。各地以区位、人才、技术、资金为支撑，以食品工业为依托，整合资源，链接上游资源，开拓下游市场，以做大做强六大行业的方式，反哺农业和贫困人员，实现脱贫。

第五节　邵阳工业产业高质量发展策略

一、巩固发展优势传统产业

（一）食品工业

邵阳具有丰富的食品工业资源和广阔的市场。“十二五”时期末，邵阳拥有大小食品企业数千家，其中规模企业有 128 家。2015 年，邵阳全部食品工业全年实现产值 366 亿元，占全市工业总产值的 16.7%，已经形成了酒、奶、豆制品、卤制品、肉制品、大米精加工、果蔬罐头、食用油、精制茶九大类拳头产品，拥有全国著名商标 3 个，湖南名牌产品 67 个，地理标识产品 2 个。“十三五”期间，邵阳通过加大投资力度，进行技术改造和食品安全体系及诚信体系建设，充分利用“两头在内”的优势及品牌优势，做强做大食品工业，食品工业总产值年均增长 12%左右，占全市工业总产值的 17%左右。邵阳建成以酒、奶、冷冻肉制品、食用油、大米加工、精制茶、豆制品、饮料生产为主的重点产业集群，骨干企业全部建立省级以上技术或工业设计中心，实现“互联网+”销售的企业占比在 50%以上。

（二）装备制造工业

“十二五”时期末，邵阳有装备制造工业企业上千家，其中规模以上企业有 90 余家。2015 年，邵阳全部装备工业实现工业总产值 227 亿元，占全市工业总产值的 10.30%。邵阳比较有实力的装备制造工业企业是三一湖汽、邵纺机、维克液压、山立水电、资江恒远水电、雪峰机电、正丰农机、神风动力等企业。其主要产品有搅拌汽车、纺织机械、农业机械、液压基础件及成套液压系统、发动机总成、汽车零配件、水轮发电机组等。“十三五”期间，邵阳紧跟时代步伐，紧密结合重点方向领域，通过网络化、数字化、智能化手段，大力提升全市装备制造业的水平，率先突破技术瓶颈，抢占产业制高点。

在“十三五”末，邵阳将实现全行业工业产值400亿元，年均增长12%；工业增加值为115亿元，年均增长12%，占全市工业总产值的10.78%；规模工业总产值为357亿元，年均增长13%；规模工业增加值为102亿元，年均增长13%；50%以上的企业和产品进入先进装备制造业的行列，培育1~2家主营业务收入超过100亿元的企业。邵阳将构建新的“三机”（纺织机械、水轮机械、农业机械）、“一车”（搅拌和渣土车）、“一基础”（基础液压元件和成套液压系统）的产业支撑体系。

（三）轻工业

邵阳轻工业起步较早，现已发展成为轻工产业大市。邵阳的造纸工业是湖南省50个重点产业集群之一，邵阳成为全国重要的特种纸产业基地。其主要产品有绝缘纸板、卷烟纸、机制纸。邵东市的小五金（含打火机）生产产品享誉全球，邵东市是全国最大的打火机生产基地。近年来，邵阳皮发制品产业迅速发展，其园区成为全国最大的原料集散地、排名第二的生产基地，产品畅销世界各地。邵阳的箱包、裘皮、矿用电池、竹木家具以及以竹刻、滩头年画为代表的工艺美术品等都有一定的知名度和特色。2015年年底，邵阳有各类轻工业企业数千家，其中规模以上企业有297家，全年全部食品工业实现工业产值610亿元，占全市工业总产值的27.76%。

“十三五”期间，邵阳通过抓大放小、淘汰落后产能和设施，加大环保投入和监督力度，在绿色发展的前提下，产品品种和功能进一步增加，实现发展新跨越。到2020年年底，邵阳轻工业产值将达到1 029亿元，工业增加值将达到285亿元，年均增长11%，轻工业总产值占全市工业总产值的比重为27.76%，门类、领域进一步扩大，创建国家级、省级企业技术中心，年专利增量不断提高。

1. 造纸工业

2015年，邵阳造纸工业实现工业产值115亿元，占全市工业总产值的5.21%。邵阳完成了特种纸产业的相对集聚，成为全省的重要造纸业基地。“十三五”期间，邵阳造纸工业增加值年均增长8%左右，产品品种和功能进一步增加，到2020年年底，邵阳造纸工业产值将达到169亿元，工业增加值达到49亿元，年均增长8.1%，占全市工业总产值的4.57%，形成1家年销售收入超过10亿元的企业集团。

2. 小五金

五金产业在邵阳有一定的历史传统和发展特色，是邵阳经济的潜在增长点之一。自 20 世纪 70 年代以来，邵阳小五金产业逐步兴起，尤以邵东市最具代表。邵东市仙槎桥镇等地形成“锤子村”“钳子村”的“一村一品”及城市郊区家家户户组装一次性打火机的产业格局。邵阳小五金及打火机生产单位众多，规模以上企业有 58 家，涉及五金工具（如扳手、钳子、锤子、斧子、拉锁、刀剪、圆钉等）及各档次打火机等产品。2015 年，邵阳五金工具年产值为 247 亿元。“十三五”期间，邵阳通过实施标准化战略、集团化战略，走标准化生产和集团化或联合企业管理的道路，组建企业集团，引导行业发展，创造自己的品牌，积极参与市场竞争。到 2020 年年底，小五金打火机产业总产值将达 468 亿元，年均增长 13.65%，全部工业增加值为 133 亿元，年均增长 13.45%，规模工业总产值为 413 亿元，规模工业增加值为 119 亿元，年均增长 14.61%，培育产值超过 10 亿元的企业 20 家以上，产值超过 5 亿元的企业 30 家以上。

3. 皮发制品业

2015 年，邵阳拥有皮发制品生产及流通企业 130 家，规模以上企业 13 家，出口型加工企业 8 家，年出口额过亿元的 6 家，全年实现产值 30 亿元。邵阳皮发制品远销北美洲、欧洲、非洲、东南亚等的 120 个国家和地区，分别占北美洲、非洲 20%以上的市场份额。邵阳拥有规模全国第二的皮革制品公司——立得皮革公司，皮革及制品行业在省内领先、国内知名。邵阳皮发制品业拥有规模企业 50 家，2015 年总产值达 87 亿元。“十三五”期间，邵阳皮发制品业产值年均增长 12%左右，规模工业增加值年均增长 12%左右，占全市工业总产值的 4%。到 2020 年年底，邵阳将争取皮发制品业形成大的企业集团，培育出年产值超过 10 亿元的皮发制品加工企业 3~5 家。

（四）建材工业

2015 年，邵阳拥有建材工业企业上千家，其中规模以上企业 161 家，建材工业实现年产值 351 亿元，占全市工业总产值的 15.97%。其主要产品为水泥、新型环保墙体材料、石膏、竹木制品等。“十三五”末，建材工业总产值将达到 516 亿元，年均增长 8%，工业增加值将达到 148 亿元，年均增长 7.9%，占全市工业总产值的 14%。建材工业行业拥有 3 家年销售收入超过 20 亿元的企业集团和 2 家年销售收入超过 10 亿元的企业，建立起了水泥、新型墙材、环保饰材等建材产业基地。

（五）其他传统产业

1. 纺织工业

纺织工业是邵阳国民经济的传统支柱产业，也是少数具有比较竞争优势的产业之一。目前，邵阳纺织工业规模以上并正常运营的各类企业共有 24 家，其中骨干企业有 5 家（合力化纤、东信棉业、华力纺织、紫华纺织和宏运纺织）。化纤、纺纱、织布行业设备先进，配套整齐，处于全国同行业中等偏上水平；纺织行业技术基础扎实，拥有大批熟练技术工人；纺织骨干企业都已完成改制，企业机制灵活，充满生机。2015 年，邵阳纺织工业生产总值完成 52 亿元，工业增加值实现 15 亿元，规模以上企业数由 2010 年的 16 家增长到 2015 年的 24 家。“十三五”末，纺织工业年产值有望实现 61 亿元，年均增长 3%，工业增加值为 17 亿元，纺织工业规模工业年总产值达 54 亿元，实现年均增长率 4%，规模工业增加值达 15.5 亿元。

2. 化学工业

截至 2015 年年底，邵阳工商登记各类化工企业 50 多家，规模企业 20 家，拥有资产 200 亿元，其中固定资产 90 亿元，全年工业总产值为 77 亿元，工业增加值为 22 亿元，化学工业总产值占全市工业总产值的 3.48%。邵阳化学工业经过 50 多年的发展，已初具规模，并形成一定的产业优势。一是门类齐全，产品结构较为完整，涵盖化学肥料、化学农药、无机原料、有机原料、精细化工等多门类产品。二是基本有机化工原料生产形成一定规模，在省内有补缺性，如硝酸系列产品、炭黑等。三是具备较强的产业化能力，特别是经过“十二五”多个重大项目建设，化学肥料、有机原料、中间体等的产业化能力明显增强。邵阳共实现科技成果 50 余项，拥有发明专利 10 余项，已进入产业快速发展的上升通道阶段。但与国内化工巨头相比，邵阳化工企业存在如下不足：一是资金投入少，整体规模小。二是装备比较陈旧，工艺相对落后。三是产品层次低，产品附加值少。四是新产品开发不足，产品更新缓慢。五是分布零乱，没有发展空间，造成企业停产。未来，特别是到“十三五”末，邵阳将建成以新邵塘口工业园为主的产业承载集中区，化学工业投入 20 亿元，实现化工行业产值年均增长 7%，总产值力争达到 107 亿元，工业增加值达到 31 亿元，规模工业总产值达到 96 亿元，规模工业增加值达到 27 亿元，年均增长 8%。

3. 有色冶金

邵阳矿产资源丰富，截至 2015 年年底，已发现矿产资源 74 种，占湖南已发现矿种的 61.67%，矿产资源种类包括能源、金属（黑色金属和有色金属以及贵金属）和非金属等六大类。目前，邵阳矿产资源中保有储量居湖南前 5 位的有 12 种，按现行价格计算，矿产资源潜在经济价值总计达 3 128.24 亿元。邵阳已开发利用的矿产有 23 种，持证矿山达 753 家，其中省级发证矿山有 198

家、市级发证矿山有 50 家、县级发证矿山有 505 家。按矿山规模划分，邵阳拥有大型矿山 1 座、中型矿山 3 座、小型及小矿山 749 座。邵阳矿山设计生产能力为 2 315.74 万吨，实际年产矿石量为 1 684.26 万吨，拥有开采和加工规模企业 58 家，在省内有知名度的有邵东新仁铝业、新邵新龙矿业、辰州矿业、隆回金矿、华菱洞口铁矿、洞口锰矿。主要产品有金、银、锑、锡、铝、锰等重要金属，2015 年实现规模工业总产值 116 亿元。未来，特别是到“十三五”末，邵阳坚持绿色发展，树立节能、环保、低碳的发展理念，按西部县（市、区）严格准入，东部县（市、区）加大安全、环保投入后有序扩能的原则，以市场需求为导向，以企业为主体，以提高技术装备、安全设施为重点，以产能改造和提质工程为依托，强化政策引导，加大资金投入，优化产业结构，促进有色冶金工业实现可持续发展。“十三五”末，邵阳铁矿石年产量为 70 万吨，锰矿石年产量为 14 万吨，铅锌矿石年产量为 14 万吨，锑矿石年产量为 47.5 万吨，金矿石年产量为 80 万吨，工业总产值达到 195 亿元，年均增长 11%，工业增加值达到 79 亿元，年均增长 11%。

二、培育发展战略新兴产业

（一）生物（医药）产业

目前，邵阳生物（医药）产业已获批准文号的品种有 100 余种，其中原料药 10 种，西药制剂 40 多种，中成药 50 多种，在这些产品中，有新药 3 种，即丙戊酸镁缓释片、烫疮油、紫贝止咳颗粒。其中，丙戊酸镁缓释片、烫疮油为专利产品。邵阳拥有全国独家产品 10 个，即奥拉米特（阿卡明）、复方丙谷胺、丙戊酰胺、丙戊酸镁、烫疮油、丙戊酰胺片、丙戊酸镁缓释片、金龙补肾合剂、紫贝止咳颗粒、磺苄西林钠。邵阳制药企业已经取得药品批准文号的品种有 50%是普药且附加值极低，有的还属淘汰品种，没有生产。目前，邵阳主要生产的品种有丙戊酸系列、奥拉米特及片剂、五氟利多及片剂、复方丙谷胺片、氯氮平、六味地黄丸、烫疮油等十多个品种。邵阳医药工业的比较优势如下：一是原料药生产有一定优势，中南制药（玉新药业）曾经是全国少数几家以生产原料药甾体激素为主的药品生产企业，其产品享誉国内外，有一定的知名度。同时，邵阳有一批熟练的产业工人，有利于发展原料药。目前，很多发达国家因种种原因已经放弃生产原料药，我国很多大城市也在原料药的生产方面有一定的局限性。因此，邵阳将眼光瞄准原料药市场，加大原料药的开发力度，尤其是对那些刚过保护期的原料药进行筛选开发，从而节约开发费用和时间。二是邵阳中草药材资源丰富，具有比较优势，中成药产品发展潜力大。经普查，邵阳现有中药材 2 062 种，其中中草药材 1 938 种，动物类药材 101 种，矿物类药材 23 种，总蕴藏量 651.2 万吨。邵阳拥有国家重点品种 233 种，总蕴藏量达 55.24 万吨。属国家和省级重点保护的稀有珍贵动植物药材有 23 种，道地中药材有 20 余种，其中金银花、玉竹、百合、杜仲、枳壳等在国内外享有盛誉。邵阳中药种植面积达 73 万亩，年产值近 8 亿元。2001 年起邵阳政府把中药材列入农业四大支柱产业之一，予以重点发展，其中隆回县、邵东市、新邵县的金银花、玉竹、百合发展十分迅速，金银花产量达 1 万吨，特别是隆回县，金银花生产面积已达 13 万亩，是全国最大的金银花产地之一，是全国“金银花之乡”。隆回县已成为全国良好示范农业（GAP）栽培示范县。邵阳望云金银花开发有限公司金银花高产栽培技术研究已于 2004 年批准立项，在隆回县望云山建设的占地面积 4 000 亩的金银花 GAP 生产基地已初具规模。金银花 GAP 生产基地的建立和中药材种植业的迅速发展以及种植规范的推广，将为邵阳制药企业今后向中药制药企业发展和出口型中药（饮片）企业发展创造了良好的条件，有望形成邵阳的核心竞争力。廉桥中药材经营门店已发展到近 300 家，年销售额达 80 亿元，成为名副其实的“南国药都”（全国六大药材市场之一）。三是部分特色产品优势较明显。邵阳共有独家产品 10 个，新药 4 个，这些产品相对国内同类产品特色较明显。例如，丙戊酸系列药物以广谱、低毒、高效、抗癫痫的特点享誉市场，年产量占同类产品的 70%。据报道，该药适用广泛，对治疗癫痫、精神病、脑出血等疾病疗效显著，一旦完成新的临床实验研究并批准使用后，市场发展前景将十分广阔。又如，烫疮油的开发潜力也相当广阔，与同类药物相比，该产品不仅在使用上操作方便、不易感染、镇痛效果好，而且对陈腐伤口的治疗也有很好的效果。五氟利多、奥拉米特、复方丙谷胺片是邵阳首先生产的产品，在国内享有较高的影响力，对这些产品只要采取正确的品牌战略和营销策略，其市场开发潜力就是巨大的。

生物（医药）产业存在的问题如下：一是产品严重老化。邵阳医药企业目前的主导产品普遍还是 20 世纪 70 年代医药工业研究的成果，几十年来仅在剂型上做了些改进，新产品、新工艺和新技术开发十分缓慢，导致产品严重老化，80 多个药品批文，能勉强保本生产的不足 50%，有一定利润空间和发展潜力的仅占比 10%左右。这是制约邵阳医药产业发展的根本问题。二是产品分散，没有龙头医药企业，产业集群没有形成，降低了邵阳医药产业的整体实力。三是资金匮乏。首先，企业因良好生产规范（GMP）认证改造投资大，虽然通过了认证，但后续资金严重不足，不能保证满负荷生产，设备利用率极低，造成资源极大的浪费。其次，重复建设十分严重，各厂分散投资建设浪费了大量的人力、物力和财力，有限资源没有得到合理利用。更重要的是改造后，市场扩张、经营管理等工作跟不上，实际生产规模上不去，企业的运行成本大量增加，产值虽然有所增加但效益反而下降，反过来又加剧了资金紧张的程度。2015 年，邵阳拥有医药规模企业 34 家，全部医药工业全年实现产值 107 亿元，占全市工业总产值的 4.87%。未来，特别是到“十三五”末，医药工业总产值将达到 198 亿元，医药工业总产值实现年均增长 13%，医药工业增加值达到 56 亿元，年均增长 13%；培育 8 家产值超过 5 亿元的核心企业，1 家产值超过 10 亿元的企业。

（二）信息（电子）产业

2015 年，邵阳信息产业中的电子信息制造业拥有规模以上企业 39 家，全部信息（电子）产业工业总产值为 86 亿元，占全市工业总产值的 5.26%，工业增加值为 25 亿元。未来，特别是到“十三五”末，邵阳信息（电子）产业产值将达到 195 亿元，年均增长 17.8%，占全市工业总产值的 5.26%，工业增加值为 56 亿元，年均增长 17.8%。未来，邵阳重点支持数字化整机和新型元器件、消费类电子产品、电子基础材料、新一代网络和“三网融合”建设、工业软件设计、互联网服务产业。

（三）新材料产业

2015 年，邵阳新材料的主要产品有超高压绝缘材料、稀土发光材料、高性能耐火材料、单晶及多晶硅光伏材料、镀层保温材料中间体、沥青基碳纤维等，新材料产业呈跳跃式发展的态势，已列入省级新材料生产的规模以上企业有 13 家，全年实现产值约 20 亿元，占全市规模工业总产值的 1%。未来，特别是到“十三五”末，新材料产业年产值达到 60 亿元，实现年均增长 25%，工业增加值为 25 亿元，年均增长 25%以上，占全市工业总产值的 1.4%；形成 1 家年销售收入超过 10 亿元的企业集团。

（四）新能源产业

在能源产业的发展过程中，邵阳相比于其他地市有着先天的优势和产业基础。2015 年，邵阳原煤年产量达到了 300 万吨，有火力发电生产企业（大电厂）1 家、风电发电企业 16 家、水电站 25 座、电源供应单位 13 家、余热发电企业 4 家、生物质发电企业 1 家。邵阳的电源不但可以自足，而且富余电量可以向国家电网输送，在新能源的发展上更是有着巨大的发展前景。2015 年，邵阳新能源产业实现工业总产值 140 亿元，工业增加值 40 亿元，拥有规模以上企业 86 家。未来，特别是到“十三五”末，邵阳新能源产业将实现工业总产值257亿元，年均增长13%，占全市工业总产值的6.94%；培育产值超过10亿元的企业有10家，建成国家新能源示范城市。未来，邵阳将重点支持各县（市、区）的风能发电项目，各县（市、区）太阳能光伏并网发电项目，企业、个人、机关和社会团体的生活办公场所、闲坪空地的太阳能绿色照明利用项目，生物质能的开发利用项目，县（市、区）的智能电网建设项目。

（五）节能环保产业

2015年，邵阳拥有节能环保规模以上企业18家，实现产值28亿元，占全市工业总产值的1.2%。邵阳拥有邵阳纺机、佑华净水、新邵再生产业园等一批从事节能环保产业的科研与生产单位。未来，特别是到“十三五”末，邵阳环保节能产业销售收入将突破60亿元，年均增长16.3%，占全市工业总产值的1.3%；打造2家主营业务收入超过10亿元的核心企业。未来，邵阳将重点支持永清环保的龙须唐老工业基地提质改造项目，湖南多元印机的水处理设备生产基地建设项目，佑华净水的扩能改造项目，新邵的再生资源产业园项目，神风动力引进的城市道路清扫车生产线项目，邵阳云峰科技的城市垃圾焚烧结合余热发电项目等。

三、积极发展生产性服务产业

（一）现代物流业

现代物流业是整合运输业、仓储业、货运代理业和信息业等的新兴复合性服务产业，是国民经济的重要组成部分，已成为推动经济发展的加速器和企业的“第三利润源”。进入21世纪，随着邵阳社会零售总额不断增长，对外贸易规模不断扩大以及湘桂黔建材大市场、湘运批发市场、廉桥中药材市场、邵东工业品市场等一批大型专业市场的建立，邵阳物流结构、功能得到大幅改善和提升，物流经济的发展速度将达到前所未有的新高度。到“十三五”末，一大批物流企业将落户邵阳，一批大型骨干企业和物流基地将相继产生，布局合理、装备先进、运作规范的现代物流体系将建立完成，届时邵阳将力争打造湘西南最大的客货集散中心和物流中心。未来，邵阳将重点支持双清火车东站物流基地、湘西南豫湘物流中心、佘湖新城日用综合型物流中心、湘运宝庆物流中心、邵阳医药物流产业园、邵阳烟草物流园、邵东星沙物流园、廉桥药都物流园、武冈商都物流园、湘西南现代农业物流园等一批专业化物流园及配套项目的建设。邵阳依托“数字邵阳”提供的有力技术支撑，构建现代物流业所必需的公用信息平台建设项目。邵阳将发展以工业品下乡、农产品进城的“万村千乡”市场工程的物流节点项目。邵阳将改造和提升传统商贸业和专业市场，发展特许经营、物流配送、电子商务等产业结构优化和服务能力提升项目。

（二）金融服务业

邵阳金融服务业运行基本平稳，但相较于发达地区有一定差距。2018 年年末，邵阳金融机构本外币存款余额为 2 853.74 亿元，比“十二五”末增加 800 亿元，年均增长将近 11.5%。2018 年年末，邵阳金融机构本外币贷款余额为1 419.20亿元，比“十二五”末增加 527.74 亿元，年均增长 16.76%。2018 年，邵阳的证券营业部新开户数为 23 683 个，年内交易量为 1 291.27 亿元。2018 年年末，邵阳共有 29 家保险公司，其中财产保险公司有 11 家，人寿保险公司有 18 家，全市保费收入总额为 76.56 亿元，比“十二五”末增加了 15.71 亿元，年均增长率达 14.61%。未来，特别是在“十三五”末，邵阳将认真贯彻落实邵阳市人民政府出台的《关于进一步加快金融业发展的若干政策意见》的精神，着力扩大融资规模，培育和发展资本市场融资，繁荣金融市场主体，增强地方金融机构实力，提升金融要素集聚能力，推进金融生态建设，争创省级金融生态模范城市，力争通过 5 年的努力，基本形成可支撑产业持续、健康发展的功能齐备、层次丰富、结构合理、竞争有序、服务全面的现代金融体系。“十三五”末，邵阳将新增市级股份制商业银行 10 家，新增农村商业银行 5 家，新增村镇银行 3 家，新增小额贷款公司 10 家。邵阳的支持重点如下：一是股份制商业银行等金融机构来邵阳设立分支机构，设立村镇银行和小额贷款公司，组建区域性商业银行。邵阳的独立上市公司将达到 2～3 家，进入辅导报备或发行审核阶段的拟上市公司达到 3 家，进入改制上市实质性程序的拟上市公司达到 3 家，进入多层次资本市场挂牌融资的企业达到 5 家，利用私募股权融资手段的企业达到 5 家，利用直接债务性融资手段的企业达到 5 家，省重点上市后备企业达到 25 家。二是各级政府、各园区成立的投融资公司的资本金扩大和融资能力提升。三是各级政府为中小企业融资担保的资本金扩大和担保能力提升。四是各工业园区金融机构服务网点的设立。

（三）信息服务业

作为国民经济基础性、先导性、战略性产业的信息业在邵阳发展迅速。早在 2012 年，邵阳提出的“富民强市”的战略指导中明确提出大力培育信息服务业，使信息服务业竞争力不断提升，发展势头日趋良好，对国民经济发展的作用日益明显，从而成为邵阳服务业经济稳健发展“助推器”。2015 年，邵阳完成邮电业务总量 52.63 亿元，比上年增长 20.84%。其中，邮政业务量为 4 亿元，增长 4.91%，电信业务量为 39.86 亿元，增长 22.71%。年末局域交换机总容量为618.71万门，比上年下降3.99%。年末固定电话用户达到63.24万户，比上年减少9.19万人；移动电话用户为464.32万户，新增76.14万户，电话普及率达到每100人73.1部，比上年提高9.6部，宽带用户的数量超过50万户。2015年，邵阳计划建设第四代移动通信网络（4G）基站2 000个，实现全市行政村4G信号全覆盖。

2015年，邵阳92家规模以上服务业企业共实现营业收入44亿元，其中电信广播电视和卫星传输服务业、邮政业分别实现营业收入27亿元和3.6亿元，分别占规模以上服务业企业营业收入总量的60.6%和8.8%。信息服务业对邵阳经济增长的作用逐年明显。总之，经过多年的努力，邵阳信息化基础设施服务能力不断提高，信息基础设施建设水平不断提升，信息服务功能日趋完善，信息服务业的作用逐步明显，效益贡献不断增强。但是，邵阳信息服务业也存在一些问题。一是信息服务业企业数量少。截至2015年年底，邵阳规模以上服务企业有92家，其中信息服务业企业只有13家，只占规模以上服务业企业的14.13%。二是信息服务业企业规模偏小，竞争力不强。邵阳信息服务业的发展主要得益于个别企业的高速发展，大部分企业规模不大，在资源获取、技术创新、融资能力、人才培养、品牌影响力等方面相对薄弱，发展速度较为缓慢，与其他行业相比竞争力不强。2015年，邵阳信息服务业的13家企业中，对邵阳影响较大的企业只有1家，资产总额上亿元的只有5家。三是区域发展不平衡。受区位、资金、企业规模以及技术能力等方面的影响，邵阳信息服务业区域发展差异较大。从13家重点信息服务业企业的区域分布看，市区占了6家，邵东市、新邵县、邵阳县、洞口县、绥宁县、新宁县和武冈市分别只有1家，隆回县、城步县的信息服务业还处于空白。从资产总计、营业收入和吸纳从业人员来看，市区的信息服务业在邵阳仍占主导地位，在资产总计、营业收入总量和吸纳从业人员数量上处于前列的是北塔、双清和大祥三区。未来，特别是在“十三五”末，邵阳将围绕促进工业转型升级和加快新型工业化进程，大力发展面向生产和市场流通的信息服务业，深化产业融合，细化专业分工，增强信息服务功能。邵阳通过信息化“十三五”规划的实施，实现“数字邵阳”的总体目标。邵阳的支持重点如下：新型通信和互联网增值业务；电子货币、电子采购等新业务；电子政务、电子商务、远程教育、远程医疗等网络信息服务业；各类通信企业开发利用各类社会信息资源，加快发展移动数字信息内容，提供信息服务外包、信息资源共享等专业化服务；工业软件孵化园；电子商务产业服务基地；武冈市城市文化及文化旅游信息服务平台；隆回县综合物流电子商务平台等信息化平台；建立邵阳国际会展中心。

（四）科技服务业

区位优势不明显，导致邵阳的科技服务业发展水平明显落后于全国平均水平，特别是专利技术转化为生产力的能力还很弱。“十二五”期间，邵阳专利申请量共计 5 540 件，年均增长 15.15%，其中发明专利有 756 件，年均增长 20.95%。全市专利授权量为 3 041 件，年均增长 25.0%，签订技术合同共计 3 186项，技术合同成交金额 4.41 亿元。财政科学技术支出共计 33 645 万元，年均增长 11.8%。未来，特别是在“十三五”末，邵阳要围绕产业转型升级、结构优化和科技支撑经济发展的迫切需求，通过财政投入方式的改革、项目组织方式的创新，实现科技计划的支持方向由抓单个项目向抓企业整体发展的转变，由注重企业技术创新向注重企业综合创新能力的转变。到 2020 年年底，邵阳将基本形成覆盖科技创新全链条的科技服务体系，服务科技创新能力大幅增强，科技服务市场化水平和国际竞争力明显提升，培育一批拥有知名品牌的科技服务机构和龙头企业，涌现一批新型科技服务业态，形成一批科技服务产业集群，科技服务业产业规模大幅度提升，成为促进科技经济结合的关键环节和经济提质增效升级的重要引擎。未来，在科技服务业方面，邵阳应当鼓励科技研发类企业向专业化方向发展，积极培育市场化运作的新型研发组织以及研发中介和研发服务外包型的科技服务新业态；重点支持产业联盟和协同创新，努力推动产业技术研发机构、高等院校、科研院所面向产业集群，共同开展共性技术研发；依法鼓励技术转移机构进行服务模式的创新，为企业提供全方位的技术转移服务，从而促进科技成果转移转化，提升科技服务效率；积极推进科技人员激励机制改革，依法保障为科技成果转移转化做出重要贡献的人员和机构等相关方的收入或股权比例；主动申办高新技术博览会，充分发挥技术进出口交易会、高新技术成果交易会等展会在推动技术转移中的作用。

四、突出发展工业园区

（一）“十二五”期间邵阳工业园区发展取得的成绩

1. 经济总量快速增长

“十二五”期间，邵阳工业园区经济呈高速增长态势。到“十二五”末，邵阳工业园区规模以上企业实现工业总产值 1 267 亿元，实现工业增加值 369 亿元，工业总产值和工业增加值等指标均比“十二五”初增长 2 倍以上，其中园区工业总产值年均增长 32.1%，园区经济成绩斐然，工业园区逐步成为推动工业经济发展的主要动力和拉动工业经济快速增长的重要引擎。

2. 集聚效应逐步凸显

工业园区对加速工业化进程、促进产业集聚发展起着至关重要作用。邵阳的电子信息、农副产品加工、生物医药、装备制造、建材、化工等一批特色产业园区逐步形成，产业园区的聚集效应日益显现。2015 年年底，规模工业企业总数达 607 家，园区规模工业总产值占全市规模工业总产值比重达 68.3%，比 2010 年提高了 20 个百分点。

3. 规划布局渐趋合理

多年来，邵阳工业园区的空间布局取得了明显优化，以宝庆工业集中区为龙头，多层次并存的工业园区等级规模体系已经初步形成。邵阳共有经批准设立的工业园区 12 个（其中省级经济开发区 5 个、省级工业集中区 7 个），实际面积达 78 平方千米。工业园区在空间布局方面逐步趋于合理化，工业园区已经成为推动邵阳工业化发展的重要平台。

4. 招商引资成效显著

随着投资环境的不断改善和产业基础的进一步夯实，园区招商引资的主渠道作用得以发挥，引进了一大批企业，如成功举办 2012 年和 2014 年邵商大会以及 2015 年第七届湘商大会，吸引大量邵商回乡建设，签约项目 300 多个，合同金额为 1 500 多亿元。2017 年年底，园区共计完成固定资产投资 295 亿元，同比增长 20.5%，累计入园企业超过 600 家。三一重工、九兴控股、恒天九五邵纺机、百威啤酒、中集集团、九兴集团等一批知名大企业相继进驻园区。

（二）当前邵阳工业园区发展存在的问题和不足

1. 园区发展基础依然薄弱

邵阳市工业园区的工业化基础整体较为薄弱，规模偏小，实力不强，基础设施滞后，配套设施与服务体系不健全，人才供给的结构性矛盾突出，自主创新能力不强，邵阳市尚没有一个国家级园区。

2. 园区产业特色不突出，园区产业集聚程度不高

多数园区因为受多种发展因素的制约而存在发展模式不清、产业定位不明、产业特色不鲜明等情况，也因为缺少龙头企业，园区主导产业的辐射带动作用还不强，导致园区间的功能划分不清、互补性也较差。另外，各工业园区内的企业仅限于在地理空间上聚集，园区间的产业关联度并不高，还没有形成能带动区域发展的产业集群。

3. 工业园区的资金筹措能力弱，发展后劲表现不足

邵阳范围内的工业园区开发模式单一，基本上是以政府主导开发为主，运

用市场手段借助社会力量建设园区的激励机制还不完善。从目前看来，民间投资利用严重不足，园区融资渠道少，筹措资金能力弱。此外，园区面向创新型企业，特别是高科技项目的风险投资平台不完善，这也严重制约了高新技术项目在园区的孵化和投产。

（三）未来邵阳工业园区的发展目标

1. 总体目标

邵阳将加大园区尤其是湘商产业园建设力度，突出园区的提质升级，狠抓标准化厂房建设，通过支持特色优势产业入园发展和集聚发展，在5年内，实现园区面积、标准化厂房数量、产值、规模企业数量增加一倍的目标。

2. 具体目标

到2020年年底，邵阳工业园区面积将达到152平方千米，园区固定投资达1 000亿元，5年累计投资达4 000亿元，实现技工贸总收入达3 400亿元，年均增长15%以上。其中，园区规模以上企业达到1 000家，园区规模以上工业总产值实现2 615亿元目标，规模以上工业增加值力争达752亿元。全市园区规模工业总产值占全市规模工业总产值的比重由2015年的68.3%增加到79%。园区高新技术产业增加值达到400亿元，战略性新兴产业增加值达到200亿元。全市工业园区总产值上百亿元的园区超过90%，全市湘商产业园区力争5年内建成450万平方米标准厂房。工业园区万元GDP能耗、水耗以及主要污染物排放量等节能减排环保指标控制在国家和省下达的目标范围内。

第六节　邵阳工业产业高质量发展的保障措施

一、加强组织领导

邵阳应成立工业发展领导小组，由市政府领导同志担任组长，由市政府相关部门和单位负责同志担任成员。工业发展领导小组的主要职责是统筹协调邵阳工业发展的全局性工作，审议相关规划和政策、重点工程、重点问题和重要工作安排，加强战略谋划。

二、加强平台建设

（一）搭建企业融资平台

一是积极争取政策性金融和开发性金融对邵阳高端装备制造、新材料和节能环保等战略性新兴产业的支持。二是进一步提高邵阳商业银行存贷比。2014

年，邵阳商业银行存贷比为0.43，比湖南商业银行存贷比平均水平低0.26，在“十三五”期间，邵阳商业银行逐步将存贷比提高到湖南商业银行存贷比平均水平，每年能够新增450亿元左右的信贷资金。三是完善多层次资本市场体系，支持湖南广信科技股份有限公司、邵阳维克液压股份有限公司等符合条件的工业企业在主板（含中小板）、创业板首次公开发行并上市，逐步引导风险投资、私募股权投资等支持邵阳工业企业创新发展。四是各担保公司加大对中小企业贷款担保的力度。未来，特别是在“十三五”期间力争为邵阳中小企业提供20亿元以上的担保资金。五是各部门、单位主动为企业包装项目，争取国家及省级专项资金支持。

（二）搭建企业招商引资平台

一是针对邵阳工业发展的重点企业、重点项目，采取走出去、请进来、网上招商、小分队敲门招商、亲情招商、老乡招商等形式，在“十三五”期间，充分利用邵阳的资源优势，重点引进食品加工、中药材深加工以及风能、水能、太阳能开发等重点行业的骨干企业进行开发建设，变资源优势为经济优势。二是充分利用邵商人员众多和资金雄厚的优势，将“引邵商、建家乡”作为工业招商的重中之重。三是进一步优化招商投资环境，主要优化政务环境和项目配套服务等“软环境”，推行“一站式”服务，对招商引资项目进行跟踪服务，及时解决项目推进过程中的问题和困难。四是招商引资要从“引凤筑巢”向“集凤筑巢”的观念转变，重点培育战略性新兴产业，形成战略性新兴产业集聚区。五是加强与世界500强企业、大型央企以及民营大企业集团的对接，充分发挥龙头企业的引领作用。六是进一步完善市、县两级政府招商网，增加工业项目信息发布量。

（三）搭建企业人才建设和引进平台

邵阳要加强企业人才发展统筹规划，组织实施企业人才培养计划，加大专业技术人才、经营管理人才和技能人才的培养力度，制定有吸引力的人才引进政策，为企业搭建人才建设和引进平台。一是充分利用现有的教育资源，以本科院校培养急需紧缺专业技术人才和创新型人才为重点，以职业院校培养高级技师为中心，培养企业急需的科研人员、技术技能人才以及复合型人才。二是制定具有吸引力的人才引进政策，帮助企业在国内外引进各类急需人才，重金引进能够突破关键技术、加速邵阳战略性新兴产业发展的科技领军人才。三是建立和完善人才激励机制，加大对优秀人才的表彰和奖励力度，做到不仅能够引进人才，还能留得住人才。

（四）搭建创业平台

一是在宝庆工业集中区以及各县（市、区）工业园区建立多元化的创业孵化基地和创业园区，政府要加大支持力度。二是政府引导社会资本建立创业培训机构，不断扩大创业培训覆盖面。三是鼓励和支持科研院所及高学历人才进入园区创业，促进中小型及高科技企业成长和蜕变。四是制定并落实支持创业的产业、融资、资金、场所、税收等优惠政策，健全创业风险投资体系，完善跟踪服务保障，建立起“鼓励创业→推动发展→促进就业”的长效机制。

（五）搭建企业服务平台

一是全面推行“负面清单制”管理，简化审批手续，实行“一站式”服务，推行“先照后证”模式，进一步缩短企业的设立审批时间。二是建立能为企业提供创业辅导、融资担保、市场开拓、信息服务、科技支撑、教育培训、管理咨询、信用服务等一条龙服务的企业服务中心。三是强化部门服务职能，发展改革委、财政、住建、环保、税务等部门，在资金安排、土地供给、项目环评和税收优惠等向工业项目提供优质服务；交通、电力、公用事业、通信等部门将路网、电网、公共交通、给排水、供气、通信等基础设施与工业项目按规划同步建设。四是支持申报国家和省级企业技术中心。未来，特别是“十三五”期间，邵阳力争建成 3 个国家级企业技术中心和 20 个省级企业技术中心，大大提高邵阳工业产品的科技含量和附加值，增强工业产品竞争力。五是扩大企业帮扶工程中的企业（项目）服务工作站的范围，为企业解决实际存在的困难，如企业融资难，企业员工坐车难、停车难和租房难等。

（六）搭建电力保障平台

经济要发展，电力要先行。未来，特别是“十三五”期间，邵阳在促进新能源产业培育发展的同时，要加大对电网建设的投资力度，要在 2020 年年底基本建成结构合理、技术先进、灵活可靠、经济高效的现代智能配电网。

邵阳应根据负荷发展的需要，新增变电站布点，到 2020 年年底，新增变电容量 1 655 兆瓦~2 055 兆瓦。邵阳规划建设 220 千伏变电站 4 座（新宁、绥宁、邵阳西、罗市）；扩建 220 千伏变电站 5 座（棠下桥变电站、柳山变电站、青山变电站、隆回变电站、赧水变电站），力争东部地区建成 220 千伏双环网架结构，西部地区建成链式结构。

三、加强自主创新

（一）加强产学研结合

邵阳应建立以企业为主体，以高校、科研院所为支撑的产学研合作机制，支持和鼓励企业与高校、科研院所共建技术中心、工程中心和实验室，鼓励高校、科研院所主动为企业提供检验检测和技术标准制定等指导服务，支持和引导企业将原始技术创新、集成合成创新、引进消化吸收再创新等多种创新有机地结合起来，提升企业技术转化和规模产业化的能力。

（二）完善企业科技创新体系

邵阳要明确树立企业在科技创新中的主体地位，根据技术、工艺、流程等不同类型创新实践，分类支持企业的自主创新活动。对技术基础良好、科研能力强、具有国际竞争力的企业，邵阳要在国际先进技术攻关方面进行重点支持，支持这些企业开拓国际市场，鼓励这些企业向世界级的跨国企业挺进；对国内行业龙头企业，邵阳要在自主研发领域进行重点支持，提高这些企业的自主研发能力，使这些企业通过自主研发能力的提升进而巩固其国内的行业地位优势，在提升国内市场占有率的同时，积极开拓国际市场；对广大技术创新能力相对薄弱的中小型企业，邵阳要通过公共研发平台的构建，向企业提供公共技术创新服务，加快推进科技成果的推广应用及产业化发展，形成发展创新型经济的不竭源泉。

（三）推进质量、标准、品牌和知识产权战略

邵阳要深入实施知识产权立市强市战略，鼓励和支持企业主动参与国家标准和行业标准的制定，同时建立企业自身的标准，通过标准的建立加强质量管理。企业在产品的开发生产过程中要主动与国际先进标准要求接轨，按照国际先进标准要求组织生产，不断发明新工艺、运用新技术、开发新产品。未来，邵阳要继续加强政府政策引导和财政支持，推进品牌战略，倡导工业企业加大新产业、新产品和新品牌的培育力度，树立具有自主知识产权的邵阳品牌，提升在国内外市场中的品牌地位和市场竞争力。邵阳要加快关于专利、商标等知识产权的制度建设、立法建设，建立健全自主知识产权保护体系。

（四）加大财税支持力度

一是充分利用现有渠道，加强财政资金对工业企业自主创新的支持，将财政资金重点投向装备制造、新材料和新能源、节能环保等战略性新兴产业。二是运用政府和社会资本合作（PPP）模式，引导社会资本参与重点企业的关键技术改造。三是设立市级工业创新基金，支持工业重点领域的科技研发和示范应用，促进工业企业技术创新和转型升级。四是落实国家和湖南已经出台的支持企业创新发展的优惠政策，如税收优惠政策等。

四、加强结构优化

邵阳要围绕全市重点工业产业链和产业集聚区，建立产业项目库，通过项目库的建立储备一批技术水平高、具有长远发展前景和强大市场带动力的重大

产业项目。邵阳要加大招商引资力度，可以开展有针对性的专项或专门招商活动，招引发展前景好、辐射带动力强、能够提升技术能级和服务功能的重大产业项目。邵阳要加强投资导向，优化投资结构，对于工业技术改造、技术创新、企业研发等投入要鼓励，对于先进装备、产业升级等投入要支持。“十三五”期间，邵阳技术改造投资占全社会工业投资的比重、技术装备投资占技术改造投资的比重均提高到80%左右。

五、加强区域合作

（一）紧跟国家发展战略，加强区域经济合作

邵阳要紧紧抓住国家提出“一路一带”倡议和实施“武陵山片区区域发展与扶贫攻坚规划”的机遇，加强与省内外各城市建立战略性经济技术合作伙伴关系。邵阳要积极承接国内先进的信息技术等优质资源，借助“武陵山片区区域发展”平台，加快接轨先进经济，在全市范围内实施工业产业差别化和特色化发展，遵循优势互补、互动发展原则，加强与省内外各地区的经济技术合作，实现多方共赢。

（二）提升工业发展水平，加快企业“走出去”步伐

邵阳要加快与国际接轨的步伐，加大吸引外资的力度，鼓励外商投资符合国家规定的新兴产业、高新技术和高附加值产业以及循环型工业项目；通过引外资、引技术、引人才相结合的方式实现研发、设计和生产经营本土化，从而提升工业发展水平；鼓励企业加强研发投入，通过自主开发、优化升级等方式进行产品结构调整，提升工业出口水平；鼓励企业通过品牌并购、技术和人才的引进，提高产品的附加值和占有率，增强产品的市场竞争力；鼓励企业“走出去”，通过国际市场规则的学习和国际市场竞争力的培育，让重点领域、重要行业的实力雄厚的大中型企业开拓国际市场。

六、加强监督落实

（一）强化目标考核

一是紧紧围绕邵阳工业规划的目标任务，分年度、分层级、分行业制定考核指标、评分标准、考核办法及规定、考核期限。二是强化重点项目目标考核，加强对重点项目可行性、实施性、创新绩效以及影响力的考核。三是建立目标考核数据开放系统，以分析工业发展阻碍因素、提出引导对策为目标，定期公开行业目标考核数据，利用社会各界力量为工业发展存在的差距找原因。

（二）强化工作督查

邵阳要建立专门的工业督查机构及系统，制定工业督查内容和方式，执行

工业督查，为行业激励提供依据。一是强化政务服务督查，建立政务服务督查工作方式，不断强化政务事事有人管、件件有着落的工作保障机制，切实做到为工业发展提供强有力的政务服务和优良的政务服务环境。二是强化企业社会责任督查，规范企业社会责任内容，督查指导企业社会责任履行。三是强化行业自律督查，依法对行业自律行为进行监督评价，实施相应激励、教育以及处罚。

（三）强化争先激励

在不影响行业自由竞争的机制下强化争先激励有利于提高行业的积极性。一是创建政府及社会力量共同参与式激励体系，成立工业争先激励基金库，成立专项激励基金管理小组，扩展基金来源途径。二是激励方式多样化，采用资金及荣誉激励、政务优先服务、科研成果优先应用等多样化激励方式。三是强化工业创新激励，根据创新项目的外部性效益、长期延续性绩效、经济及社会环境绩效等进行全面评估后，给予多形式、大力度的行业创新激励。四是强化重点产业激励，引导企业积极争取国家和省级重点发展项目。

第五章　邵阳金融及对外贸易高质量发展：现状、问题与对策

第一节　邵阳金融及对外贸易发展现状与评价

一、邵阳金融发展现状

近年来，邵阳现代金融体系建设取得长足发展，投融资平台建设不断推进，资本市场不断完善和成熟，金融在现代经济中的核心作用得到充分发挥，稳定有序的金融发展为邵阳经济建设和社会发展提供了有力支撑。总体而言，邵阳金融机构运行有效、金融结构体系比较稳定、金融秩序逐步规范。

（一）金融机构有效运行

1. 金融信贷运行基本平稳

2018年年末，邵阳所有金融机构各类存款折合人民币余额为2 853.74亿元，比2018年年初增加了58.69亿元，同比增长2.1%。非金融类企业存款余额和住户存款余额分别为402.16亿元和2 047.40亿元，非金融类企业存款余额和住户存款余额较上年分别下降20%和增长9.6%。此外，广义政府存款余额为400.74亿元，同比下降4.4%。2018年年末，邵阳所有金融机构各类贷款折合人民币余额为1 419.20亿元，贷款余额比2018年年初增加149.61亿元，同比增长11.8%。非金融类企业及机关团体贷款余额、住户贷款余额分别为756.04亿元、633.14亿元①。

① 数据来源：邵阳市2018年国民经济和社会发展统计公报。

2. 证券交易略有下降

2018 年，邵阳各证券营业部门证券交易客户新开户数为 23 683 个，较上年证券交易客户新开户数下降 10.3%，证券交易缴存的股民保证金和年内证券交易量分别为 5.87 亿元和 1 291.27 亿元，较 2017 年分别下降了 20.9% 和 18.7%。受国内外各种因素的影响，证券交易略有下降。

3. 保险业务增长稳定

2018 年年底，邵阳范围内共有保险公司 29 家，其中财产保险公司 11 家，人寿保险公司 18 家，2018 年保费总收入为 76.56 亿元。其中，财产保险保费收入和人寿保险保费收入分别为 23.22 亿元、53.34 亿元，保费总收入较上年增长 5.5%。2018 年，各项保险赔付金额为 28.81 亿元，赔付金额比 2017 年增长 6.8%，保险密度达 1 039 元/人，保险密度比上年增加 55 元/人，保险深度为 4.3%，与上年持平。邵阳保险业务总体稳中有升，居民保险意识增强。

（二）金融结构体系比较稳定

近年来，邵阳金融体系不断发展和完善，全市范围内基本形成了多功能、多层次、有序竞争、结构合理的现代金融体系，金融服务日臻全面。邵阳金融结构主要表现为银行、证券、保险、信托、租赁等金融市场各种信用方式下的融资活动。金融体系主要由商业银行、保险公司、信托投资公司、证券公司、信用合作社等金融机构组成。

邵阳金融工具结构主要由各种金融工具，如现金、支票、汇票、股票、债券等金融交易构成。各金融机构倡导金融服务实体经济，探索建立银企合作的新机制。金融机构扩大信贷投放规模，降低贷款门槛，破解抵押瓶颈，有序化解“坏账”，发展新型金融产品，提高金融服务水平。

近年来，邵阳现代金融体系建设取得长足发展，投融资平台建设不断推进，资本市场不断完善和成熟，金融在现代经济中的核心作用得到充分发挥，稳定有序的金融发展秩序为邵阳经济建设和社会发展提供了有力支撑。以“十二五”期间为例，邵阳通过各种渠道新增各类融资总额达 1 167.46 亿元，融资总额是“十一五”期间的 5.64 倍，2015 年贷款增量居湖南第 4 位，比 2014 年上升 2 个位次。

金融机构在提高金融服务水平的同时进行经营管理方式的创新发展。2015 年 12 月 25 日，湖南首个金融外包服务基地落户邵阳，广电运通作为自动柜员机（ATM）行业的龙头企业在邵阳举行金融业务外包服务基地启动仪式。邵阳拥有湖南最大的智能化现金押运配送基地。此外，为满足业务开展需要，广电运通金融外包服务基地还建有中央金库周转中心、票据仓储及流转中心、自动柜员机集中调度及监控中心、现金后台处理中心以及数据存储管理中心。该基地还引入云计算与物联网技术、大型清分系统、信息化管理系统到业务服务中。该基地目前已经成为辐射华中地区的金融外包服务全产业链平台。为提高银行专业化服务水平和降低运营成本，非核心金融业务外包将成为邵阳银行业未来发展的重要趋势。

（三）金融秩序逐步规范

邵阳金融秩序在有关融资方面的法律调整、规范之下形成，是包括股票发行交易秩序、债券发行交易秩序、基金发行交易秩序、保险管理秩序、信贷秩序、民间借贷秩序等几个组成部分的统一的法律秩序。近年来，邵阳市委、市政府对金融领域加大现场检查、监督力度和行政处罚力度，对金融不正当行为零容忍，对进行不正当竞争，特别是存在恶性金融竞争行为的机构和人员，一经发现，严肃处理。这些举措有力打击了集资诈骗罪、贷款诈骗罪、票据诈骗罪、金融凭证诈骗罪、信用证诈骗罪、信用卡诈骗罪、有价证券诈骗罪、保险诈骗罪等金融管理秩序犯罪，促使金融机构加强自律，金融市场管理得到加强，维护了公平竞争的金融经营环境。

邵阳不断完善银行信贷投放激励机制，不断完善银行年度新增贷款目标考核奖励机制，建立银行业金融机构支持地方经济发展突出贡献单位评比和对银行业金融机构主要负责人记功表彰的长效激励机制。邵阳建立了银行年度新增贷款与年度新增财政性存款挂钩制度。每年年初根据上年度市本级各行（社）新增贷款在全市的占比，乘以上年度市本级新增财政性存款额，进行相应的增减调整。原则上每三年实施一次大的调整，根据市本级各行（社）三年来对全市新增贷款总量的贡献率，分配市本级的财政性存款总量，在原基础上进行增减调整。新增贷款包含剥离、划转的不良贷款和核销的呆账贷款。2015 年年末，邵阳成功创建“湖南省金融生态良好城市”，全面启动“湖南省金融生态模范城市”创建工作。邵阳构建了安全、有序、诚信、公平竞争的金融运行秩序，形成监管有效、风险控制、信用优良的金融生态环境。

二、邵阳外贸发展现状

近年来，邵阳在外贸发展方面，积极推行“走出去、引进来”并举的策略，努力挖掘和激发发展潜力，外贸发展取得了不小的成就。

（一）外资、外贸、外经工作融合发展取得良好成效

“十二五”期间，邵阳外资利用额实现年均增长 32.1%，外资利用额较“十二五”初期翻了一番；对外贸易额实现年均增长 34.9%，尤其是加工贸易

作为邵阳贸易经济发展的支柱产业，加工贸易额实现年均增长56%，对外贸易总额跨上10亿美元的台阶。邵阳发展出口贸易的同时，也鼓励企业走出国门，鼓励境外投资。“十二五”期间，邵阳共新批境外投资企业158家，境外投资额增加15.7亿美元，国际工程承包额增加4.3亿美元。

2019年上半年，邵阳实际利用外资1.76亿美元，同比下降5.6%，低于湖南平均水平17.5个百分点，居湖南第12位，居大湘西地区第6位，完成年计划的52%；外贸进出口总额为94.5亿元，同比增长48.4%，高出湖南平均水平8.3个百分点，居湖南第6位，居大湘西地区第5位，完成年计划的53%；实际到位市外境内资金975.2亿元，同比增长17.4%，完成年计划的51.2%。其中，邵阳实际利用省外境内资金228.85亿元，同比增长18.1%，高出湖南平均水平0.2个百分点，居湖南第6位，居大湘西地区第2位，完成年计划的52.2%①。

（二）外贸规模继续扩大

2018年，邵阳实际利用外资3.02亿美元，同比增长13.6%，高出湖南平均水平1.7个百分点，增幅居湖南第5位；实际利用省外境内资金390.72亿元，同比增长18.1%，高出湖南平均水平0.4个百分点，增幅居湖南第4位。邵阳进出口总额达到151.6亿美元，同比增长31.7%，高出湖南平均水平5.2个百分点，增幅居湖南第5位。

（三）出口经营主体不断壮大

截至2018年年底，邵阳累计培育有进出口实绩的企业408家，比上年同期增加131家，其中有166家企业实现业绩“破零”，有50家企业实现业绩“倍增”，出口超过1 000万美元的企业有39家，超过5 000万美元的企业有3家，超过1亿美元的企业有1家。邵阳的发制品生产基地、邵东的打火机生产基地和箱包生产基地获批国家外贸转型升级基地，占湖南获批基地数量的1/3。2018年，邵阳实现进出口总额折合人民币达到151.6亿元，同比增长31.7%，较湖南平均水平高5.2个百分点，增幅居湖南第5位，总量和增幅均创新高，其中民营企业进出口额占全部进出口额的81.2%，增长率达40.5%。邵阳外贸依存度从2017年的6.78%上升到2018年的8.5%。

近年来，邵阳还积极推行重点外贸企业挂点联系制度，积极争取国家和省外贸发展资金，全力推进银企对接，加大了对阳光发品有限公司、湖南玉新药业有限公司、湖南立得皮革有限公司、湖南李文食品有限公司、邵东龙丰实业

① 数据来源：邵阳市商务局。

有限公司、邵东吕氏贸易有限公司、湖南汉龙水电设备有限公司、湖南山立水电有限公司、洞口三可食品有限公司、邵阳宝庆肉类联合加工有限公司等龙头企业的扶持力度，鼓励企业发展对外贸易，在邵阳范围内起到引领作用，邵阳外贸主体不断壮大。

（四）出口产品结构逐步调优

邵阳外贸出口产品种类发生了较大变化，以前基本是以鲜冻猪肉、农副产品、竹木制品等资源性产品出口为主，产品出口模式单一。近年来，机电和高新技术产品出口规模逐渐扩大，出口产品格局发生了多元化的变化。邵阳出口产品种类达40类、289个品种，产品远销上百个国家和地区。其中，打火机、发制品出口份额巨大，分别占全球市场份额的70%和20%。主要出口商品中，发制品、箱包、服装和鞋类增幅明显，打火机和农产品增速缓慢。此外，邵阳积极引导湖南玉新药业有限公司、湖南和诚精细化工有限公司、湖南李文食品有限公司、邵阳纺织机械有限公司、新宁县恒之泰电子有限公司等企业与科研院所、高校合作，探索由企业出资研发，研发成果实行院企、校企共享的合作模式，加快企业技术创新步伐，抢占技术优势，优化产品出口结构。同时，在市委、市政府的推动下，邵阳紧紧抓住沿海产业转移的契机，致力在高端制造产业、生物化工产业、新型能源产业等新兴产业领域加大引进力度，全面提高邵阳外贸企业和外贸业的发展质量，切实加强外贸出口产品品牌建设，不断提升产品的市场声誉。近年来，邵阳出口产品种类不断增多，部分产品已成功获批国家知名品牌和省知名品牌，在亚洲、非洲市场上享有广泛声誉。

（五）出口经营方式多样化

2018年，邵阳实现进出口总额22.86亿美元，较2017年增长34.5%，其中一般贸易实现进出口总额19.05亿美元，较2017年增长42.8%，加工贸易实现进出口额3.79亿美元，增长4.2%。相比长沙、株洲、湘潭、郴州、衡阳等地，邵阳的加工贸易起步较晚、基础较弱。2005年，邵阳加工贸易仅有123万美元，2007年将近5 000万美元，2011年实现1.26亿美元，7年间总量增长了101.4倍，增幅稳居湖南第3位，总量排名湖南第4位。在推进加工贸易发展中，邵阳充分发挥邵东市加工贸易龙头企业的辐射作用，采取观摩学习、经验交流、业务培训等方式，引导全市外贸企业发展加工贸易，不断壮大加工贸易主体。同时，邵阳积极争取项目扶持，借助民资民力，全力推进各级工业园区基础设施建设尤其是标准化厂房建设，吸纳沿海加工外贸企业入园发展。2009年，邵阳市委、市政府及时出台了承接沿海产业转移发展加工贸易的政策举措，把承接产业转移发展加工贸易纳入全市绩效文明考核评估范畴，安排了专项奖励经费，有力促进了邵阳加工贸易发展。以“十二五”期间为例，邵阳加工贸易年均增幅达30%。

（六）出口市场分布扩大，外贸出口潜力巨大

2018年，邵阳出口市场继续扩大，外贸企业产品出口上百个国家和地区。在所有外贸出口市场中，俄罗斯市场是邵阳的最大贸易市场，邵阳对俄罗斯的进出口实现了成倍增长。2018年前三季度，邵阳对“一带一路”沿线国家和地区的贸易出口增长势头良好，比如对菲律宾、沙特阿拉伯的出口均增长一倍以上。此外，邵阳对南非以及欧盟国家的进出口也保持高速增长，年增长率分别达到50.2%和39.6%。总之，受中国对外贸易政策和“一带一路”倡议的推动，邵阳产品近年来在海外市场的占有率持续提高，出口产品种类、数量持续增加。从纵向上看，邵阳外贸进出口增速明显、潜力巨大。近几年，邵阳企业每年通过广东、浙江、上海等地代理出口超过5亿美元。其中，邵东箱包、服装业出口额为1.6亿美元，医药化工产品出口额为1.2亿美元，机电产品出口额为0.6亿美元，皮草、皮革产品出口额为1.6亿美元，竹木制品出口额为0.3亿美元。此外，九兴控股集团在邵阳投资的4个项目全部建成投产后，每年产值可达100亿元，可以实现新增外贸进出口总额4.1亿美元。

（七）差异化产品外贸发展势头良好

邵阳地处湖南西南部，不沿海不沿边，属于经济欠发达地区。近年来，随着多条高速公路和高铁的开通运行，邵阳的交通条件有了明显改观，对外经贸往来也日趋频繁。在全球经济发展低迷、全国进出口放缓的情况下，邵阳进出口贸易连续攀升。2018年，邵阳进出口额达到22.86亿美元，同比增长34.5%，比湖南平均增长水平高出5.2个百分点，比全国平均增长水平高出16个百分点。拉动邵阳外贸总量逆势增长的是一些“不起眼”的产业。例如，邵阳生产加工的发制品远销北美洲、非洲、欧洲等地。过去邵阳人怀揣一把剪刀、肩扛一个口袋，在全国各地收头发，其中90%的头发都是销往国内外各地的发制品企业进行加工生产，邵阳发制品产业仅处于产业链的最低端。为了扭转产业链低端的局面，邵阳通过招商引资等逐步建立了发制品生产企业100多家，其中规模以上企业70余家，发制品也从最初的假发生产扩展到了发条、发套、发饰等头发饰品，产品种类不断增多，产品层次不断提升，产品市场不断扩大。以阳光发品、美丽来发品、鸿泰工艺品为龙头的发制品企业成立了发制品技术研究中心，累计投入4亿多元用于发制品的研发，多年来共获得各种专利150多项，并且还拥有多个国家级和省部级驰名商标。经过多年的发展，邵阳的发制品产业从曾经走街串巷“收了头发”马上“卖头发”的初级阶段

升级到集上游收购、中游生产加工、下游出口销售为一体的全渠道购、产、销产业链。产业链的延伸、产品层级的提升，不仅大大提高了头发产品的附加值，而且还为邵阳带来了巨额的出口创汇，甚至使发制品产业成为邵阳经济发展的支柱产业之一。2018 年，邵阳发制品行业仅在人发原材料产品方面的交易额就超过 50 亿元，发制品出口额达 2.3 亿美元，产品远销北美洲、非洲、欧洲等地，发制品和饰品成为邵阳出口贸易的“硬通货”。

除了发制品外，箱包产品是邵阳的进出口贸易中的另一种重要产品。然而，箱包产品出口利润不高，同质化现象十分严重，因为箱包产品本身比较简单，生产工艺要求和生产流程并不复杂，很难在激烈的市场竞争中找到关于产品生产升级的突破点。最初，邵阳的箱包生产规模并不大，为了吸引在外的邵阳商人回乡投资，邵阳发出了“引老乡、回故乡、建家乡”的号召，并配套了一系列的优惠政策。在政府的政策鼓舞和爱乡心情的驱动下，一大批邵阳商人选择了回乡创业。2002 年，邵阳著名商人刘纯鹰先生在泰国发现泰国市场对箱包产品的需求较大，于是回乡在邵东市采购了 700 多万元的箱包和服装产品发往泰国市场，这次箱包及服装产品的异国销售让他在泰国市场赚到了“第一桶金”。之后的两年，刘纯鹰不辞辛劳地走遍了泰国所有的箱包销售市场，经过实地考察和比较发现，泰国与全球多个国家存在零关税贸易优势，这是一个巨大的国际贸易优势，如果能够合理利用这个优势，在泰国建立箱包生产和出口基地，就能够帮助中国企业降低出口成本，并合理规避国际贸易上的种种壁垒。2011 年，身为泰国湖南商会会长的刘纯鹰牵头组织在泰国建立了湖南工业园，工业园建成后，邵阳甚至湖南全省的众多企业纷纷在这个工业园区内开办工厂或组装车间，享受到多个国家的零关税待遇。为了更快、更多地促进邵阳当地企业在泰国投资，刘纯鹰又亲自回到邵阳，号召成立邵东市箱包服装进出口企业协会。邵阳商人多年的海外经商经验和出口企业协会的牵头指引，大大地激发了邵阳企业在海外投资建厂的热情，很多从未走出国门的邵东企业纷纷成功走出去，在国外市场开拓属于自己的一片天地。目前，邵东箱包生产已成为邵东的制造名片，并成为邵东出口贸易的支柱产业。邵东箱包出口成为湖南外贸出口的一大亮点。

打火机曾作为我国东部沿海地区生产的重要出口产品，赢得了海外市场的欢迎。20 世纪 90 年代后期开始，受产业政策等因素的影响，东部地区开始了产业转移，邵阳就抓住了承接东部地区产业转移这一良好机遇，建立了很多打火机及上游配套件的生产企业。经过多年的发展，邵阳已经成为国内袖珍气体打火机出口的重要生产基地，每年袖珍气体打火机出口占全市出口总值的 10%

以上。多年来，邵阳为了提升产品竞争力，减少企业间的恶性竞争和产业链过长给企业带来的成本压力，进行了打火机行业的资源整合。2009 年，邵阳6 家打火机出口企业以及 5 家配套产品生产企业经过资源整合，成立了湖南东亿电气股份有限公司，整合后的企业不仅节约了大量资源成本，生产规模和产品质量也有了大幅提高，如今湖南东亿股份有限公司的打火机年产能已经超过 50 亿个，年产值可达 25 亿元。该公司生产的所有产品都通过了国际质量体系认证。

三、邵阳金融及外贸发展评价

（一）邵阳金融及外贸发展在湖南的地位

1. 邵阳金融发展在湖南的地位①

邵阳金融发展水平在湖南属于中等水平。2018 年年末，邵阳各类金融机构本外币各项存款余额累计 2 853. 74 亿元，比 2017 年增加了 58. 69 亿元，同比增长 2. 1%，本外币存款余额占湖南各类金融机构本外币各项存款余额的 5. 82%，增速低于湖南平均增速 2. 7 个百分点。其中，非金融企业存款为 402. 16亿元，下降 20. 0%，非金融企业存款占湖南的 3. 08%，降幅高于湖南平均降幅 14. 3 个百分点；住户存款余额为 2 047. 4 亿元，增长 9. 6%，住户存款余额占湖南的 8. 06%，增速与湖南平均增速基本一致。邵阳各类金融机构本外币各项贷款余额累计为 1 419. 2 亿元，比 2017 年增加了 149. 61 亿元，同比增长 11. 8%，本外币各项贷款余额占湖南的 3. 89%，增幅低于湖南平均增幅 3 个百分点。其中，住户贷款余额 663. 14 亿元，增长 18. 1%，住户贷款余额占湖南的 5. 05%，非金融企业及机关团体贷款 756. 04 亿元，增长 6. 8%，贷款余额占湖南的 3. 26%。

2018 年，邵阳证券市场交易总体下降。年内在邵各证券营业部新开证券交易户数 23 683 个，新开户数比 2017 年下降 10. 30%；股民保证金 5. 87 亿元，同比下降了 20. 9%；全年证券交易额累计 1 291. 27 亿元，同比下降了 18. 7%。其中，股票买入量累计 580. 79 亿元，同比下降 20. 2%；股票卖出量累计 710. 48 亿元，同比下降 26. 8%。邵阳 2018 年证券交易额仅占湖南证券交易额的 2. 33%，证券交易规模在湖南范围内偏小。

2018 年，邵阳保险业务增长稳定。邵阳共有各类保险公司 29 家，其中财

① 数据来源：湖南省 2018 年国民经济和社会发展公报、邵阳市 2018 年国民经济和社会发展公报。

产保险公司有 11 家，人寿保险公司有 18 家。各类保险公司实现保费收入总计 76.56 亿元，保费收入较 2017 年增长 5.5%，保费收入占湖南保险公司原保费收入的 6.1%，增速低于湖南保费收入平均增速 7.6 个百分点。邵阳的保险业务规模有待扩大。

2. 邵阳外贸发展在湖南的地位

近年来，邵阳对外贸易形势向好，但在湖南范围内，占比偏低。2018 年，邵阳实现进出口总额 22.86 亿美元，比上年增长 34.5%，尽管增速高于全省平均增速 8 个百分点，但进出口总额仅占全省总量的 0.74%。在进出口贸易中，一般贸易额为 19.05 亿美元，较 2017 年增长 42.8%，增速较快。就湖南而言，湖南一般贸易出口总额为 1 561.9 亿元，增长 38.7%；加工贸易出口总额为 450.2 亿元，增长 4.3%。出口额居前 5 位的商品中，服装及衣着附件出口 156.3 亿元，增长 57.4%；鞋类出口 84.6 亿元，增长 22.1%；钢材出口 76.4 亿元，增长 41.9%；陶瓷产品出口 67.4 亿元，增长 69.1%；箱包及类似容器出口 54.5 亿元，增长 17.1%。分产销国别（地区）看，邵阳外贸商品出口我国香港特别行政区 410.16 亿元，同比增长 11.6%；出口美国 291.3 亿元，同比增长 28.1%；出口欧盟 263.2 亿元，同比增长 29.1%；出口东盟 303.3 亿元，同比增长 38.4%。

（二）邵阳金融及外贸发展对邵阳经济的影响力与贡献度

1. 金融对邵阳经济的影响力及贡献度

金融业是邵阳第三产业的主导行业之一，对邵阳经济发展、资本形成以及经济资源的配置起到至关重要的作用，邵阳金融业对邵阳经济发展具有储蓄聚集、资源配置、风险管理等功能，金融业的发展健康状况已经成为邵阳经济增长的重要影响因素，金融业发展水平也成为体现和衡量邵阳社会经济高质量发展程度的重要标志，金融业的服务功能和作用同样对邵阳经济增长起到了强有力的支撑和推动作用。但由于邵阳目前的服务业主要集中在交通运输仓储业、电信广播电视和卫星传输服务、租赁业和商务服务业、卫生、教育和社会保障、社会福利业等方面，营利性服务业发展滞后，如物业管理、科学研究和技术服务业、居民和商务服务业、文化体育和娱乐业、水利环境和公共设施管理业、金融业等现代服务业发育不足，特别是互联网、信息技术和房地产行业还处于空白状态，导致邵阳服务业的发展水平仍处于低层次。金融业对邵阳经济的影响作用没能充分发挥。

2. 外贸对邵阳经济的影响力及贡献度

外贸对邵阳经济的影响越来越大，但贡献度不高。经过 10 多年的努力，邵阳对外经济贸易已初步形成了商品、技术、资金、劳务等多渠道、多层次、多形式的对外交流与合作的局面，出现了以出口创汇为中心，各项对外经济贸易业务全面发展的良好势头，取得了一定的成就。稳定的社会环境以及经济全球化发展趋势的不断深化，给邵阳外贸业务的发展壮大提供了良好的机遇，邵阳也抓住了这个机遇，使外贸业务得到了长足的发展。目前，外贸业务发展对邵阳经济的影响日渐增大，进出口交易逐渐成为邵阳经济发展的重要来源之一。尤其是我国加入世界贸易组织之后，邵阳对外开放的步伐也随之加快，各种跨国企业纷纷进入邵阳市场。与此同时，邵阳也鼓励本土企业走出国门，产品出口额迅速增长，极大地促进了邵阳外贸业务的发展。但邵阳出口的产品大部分来自第一产业和第二产业，来自第三产业的占比较低，从国外进口的是资本和技术密集型产品，出口的产品却主要是劳动密集型的低档产品，以农产品加工及轻工业产品为主，而且这些产品的出口依存度都相当大，出口供给弹性小，交易国进口需求弹性大，偏向劳动密集型出口的增长很容易导致“悲惨增长”，从而降低邵阳外贸对经济发展的相对贡献度。

第二节　邵阳金融及对外贸易发展存在的问题

一、邵阳金融发展存在的问题

（一）邵阳金融体系中间接融资与直接融资不协调

虽然邵阳的融资结构有了一定程度的优化，但邵阳金融体系中间接融资与直接融资的不协调、企业直接融资中股票与债券的不协调、债券市场中政府债券与企业债券的不协调等问题依然存在。货币性金融资产在邵阳金融资产总额中占绝对比重，证券、保险类资产所占的比重较低。以 2018 年为例，邵阳金融总产出为 1 055 344 万元，其中货币性金融服务产出为 811 792 万元，占金融总产出的 76.92%；资本性市场服务性金融产出为 58 829 万元，占比为 5.57%；保险业产出为 176 195 万元，占比为 16.70%；其他金融业产出为 8 528万元，占比为 0.81%①。在邵阳，间接融资仍然是企业融资的主要来源。金融机构的营利性性质决定其在选择融资放贷对象时往往更倾向于有政府背景的国有企业，较少考虑具有未来比较优势的中小型创新企业。很多有发展潜力的中小新型创新企业因为得不到金融支持，发展严重受阻。事实上，邵阳大多

① 数据来源：2018 年邵阳统计年鉴。

数国有企业处于发展停滞状态，金融机构对其贷款并没有促使其取得突破性发展。金融机构对大多数国有企业的贷款无法收回，甚至金融机构因为前期贷款制约，不得已必须继续给这些停滞企业融资，如此恶性循环，金融机构的利益进一步受损，也就不可避免了。

（二）经营性贷款占比低

融资困难成了众多中小企业在发展过程中的一个难题。尽管邵阳近年来频频出台各种政策对中小企业融资难的问题加以解决，但效果甚微，情况仍不乐观。以企业贷款为例，邵阳中小企业在融资过程中不仅融资难，而且融资贵，很多企业因为缺少不动产等抵押资产，造成融资手续繁杂，而且存在诸多隐性成本等问题。而风投机构考虑自身投资风险，更青睐较为成熟的、发展效益好的企业，对于规模小、初创型企业则缺少兴趣。一方面，闲置资金很难找到需求者；另一方面，中小企业等资金需求者又存在融资无门的窘迫，这种矛盾多年来始终无法解决。

（三）金融对企业的指导作用弱

信用保险严重缺位。2018 年，邵阳保险收入为 725 831.11 万元，其中财产险业务收入为 202 957.16 万元，而对贸易发展具有促进作用的信用保证保险收入只有 121.77 万元，占保险收入的比例为 0.017%，占财产险业务收入的比例为 0.06%①，充分说明保险没有发挥对贸易担保的作用。部分有需求的小微企业由于管理不规范，且难以提供有效的贷款抵押物，又介于融资成本过高，不愿与融资性担保公司合作。因此，金融机构无法满足该类企业的流动资金贷款需求。金融对企业的指导作用较弱，企业上市主体意识不强。较多企业对上市存在认识上的偏差，导致对上市的主动性、积极性不高，内生动力明显不足。一是有的企业争取上市，只看重在股市“圈钱”，缺少对完善法人治理结构、提高核心竞争力等企业长远发展战略的思考。二是有的优势企业安于现状，不愿受到市场更多的关注和监督，担心上市后股权稀释，失去对企业的实际控股权，不愿上市。三是有的企业习惯依赖银行贷款等传统融资方式，有的企业对上市条件、政策、程序不甚了解，不会上市。

上市资源整体质量不高。一是邵阳上市后备企业总体实力较弱，较多集中在传统制造领域，高成长性、高科技型企业偏少，主营业务不突出，竞争力不强，短期内难以达到主板上市的条件。二是部分企业法人治理结构不完善。企业内部运行不够规范，不同程度存在财务税务处理、关联交易等问题，与上市

---

① 数据来源：2018 年邵阳统计年鉴。

条件和现代企业制度的要求差距较大。

上市培育工作力度不大。一是上市资源培育滞后。邵阳虽然建立了企业上市资源储备库，但缺乏动态管理，没有形成梯次上市后备队伍；二是上市政策扶持力度不大。小微企业有效信贷需求不足，在经济下行压力不断增大的情况下，县域内小微企业有效信贷需求也严重不足。

（四）金融市场存在一定的混乱现象

个别乡村存在“地下六合彩”“地下钱庄”、地下赌场、伪造货币等扰乱金融秩序的现象。保险资金去向不明确、收益低、保险销售手段不正规，造成市民对保险的认可度越来越低。

（五）金融发展不平衡

邵阳金融发展不平衡体现为金融机构发展不平衡和地区间发展不平衡。金融业务主要集中于四大国有商业银行，其他金融机构业务少，造成金融机构间的金融发展不平衡。从2018年金融业产出情况看，邵阳金融业发展主要集中于双清区、邵东市、洞口县和隆回县。邵阳农村金融发展落后，农村金融的产品创新能力还处在相对较低的层次。农村金融客户老龄化程度高，结算服务渠道不畅通，农村金融机构的自助柜员机几乎没有。农民理财意识不强，对资金安排缺乏合理性。新型农业经营主体持续发展，融资困难。农村市场信贷产品单一。当前，邵阳农村金融服务品种单一，主要集中在传统的存贷业务上，满足农户和农村新型经营主体的贷款品种较少。随着农村经济的发展及返乡农民工创业的推进，农村信贷金融产品服务和农村金融需求的矛盾将会进一步加剧。

二、邵阳外贸发展存在的问题

邵阳产业结构逐步优化，劳动力资源相对丰富，交通区位优势逐步显现，发展对外贸易既面临战略契机，但也受困于各种制约因素。

（一）外贸总量偏少，出口产品普遍技术含量低

2018年，湖南实现进出口总额3 100亿元，邵阳的进出口总额为151亿元，占湖南进出口总额的4.87%。出口产品技术含量低，其中服装及衣着附件出口79 074万美元、农副产品出口11 466万美元，资源性产品出口占比较高，而机电出口额和高新技术产品出口额分别为2 503万美元和32 806万美元，占比较低。邵阳大多数外贸企业工艺低端、设备落后、粗放式发展，在推动邵阳经济快速发展的同时，也带来了资源环境损耗问题。

（二）各地区外贸发展不平衡，缺乏产业龙头

2018年，邵阳进出口总额为22.86亿美元，其中大祥区进出口总额为

0.74亿美元，邵东市进出口总额为9.01亿美元，两地区进出口额占全市的42.65%，其他8个县（区、市）占比仅为57.35%，地区外贸发展极度不平衡。迄今为止邵阳还没有一家纯本地外贸企业上市公司。从邵阳出口主体行业分布看，鞋业、箱包、发制品、打火机、皮草皮革、医药化工、机械电子、五金工具、农副产品、竹木制品等已基本实现集聚发展，出口潜力巨大。同时，箱包、皮草、牛仔服加工业仍为家庭作坊式生产，依靠外地企业代理出口，没有自主品牌，没有自营进出口权，尚无规模企业支撑。以邵东箱包业为例，现有从业企业将近300家，配套企业近50家，年生产总值超过10亿元，年代理出口总额达1.2亿美元，但由于没有龙头企业牵引，从业企业均为小规模经营，只能承揽代加工业务，缺乏主导市场的能力。

（三）交易费用高和利润率低

贸易对象主要集中在欧美等发达国家，对欧美市场依赖程度高，出口供给弹性小，易受贸易国政策变化的影响。

虽然全国检验检疫通关一体化已经启动，这意味着今后邵阳外贸企业进出口货物不再受区域限制，检验检疫通关环节减少、通关速度提升，但由于专业人才缺乏，邵阳多数企业采用代理报关、运输、报检，每单成本增加200元，除出入境检验检疫费外，综合成本达2 400元/单，约为沿海地区的5倍。邵阳的客观制约因素多，如无国际货运港口，国际水路运输为零，国际货物运输直达方式较少，物流成本难以大幅降低。邵阳东距上海、杭州口岸分别为1 350千米、1 170千米，南达广州、深圳、东莞口岸分别为920千米、960千米、980千米。以一个标准集装箱为例，依市场均价计算，至上述口岸的物流成本分别为11 500元、9 700元、7 600元、8 000元、8 200元，平均约为9 000元。同时，每实现一个标准集装箱出口，外贸企业资金、物流占用周期不少于20天。以九兴控股在邵投资企业为例，相比于东莞生产基地，九兴控股在邵投资企业每双成品鞋出口平均物流成本增加了3元左右。

（四）外贸企业订单依附性高

对外贸易的性质决定了它的本质是与境外经济进行往来。目前，邵阳生产型外贸企业还缺乏品牌战略的意识，对市场的把控能力还不是很强，提升空间较大。生产型外贸企业对经销商的依赖度较高，有些企业甚至完全依赖经销商。长期以来，这些企业也就渐渐变成了经销商的代理加工厂，自然而然地处在了被动的地位。传统的流通型外贸公司原本是根据外商的需求来准备产品、安排物流的。其优势主要是备货和物流较快。随着商品的供应一体化逐渐形成，国内生产企业和国外进口商的物流能力越来越强，外贸公司的物流能力已无优势。同时，外贸公司同分销商以及供应公司都是交易的关系，缺乏一种整体的协同效应。现在，厂商出口产品比较方便，供应商在供货方面也不像从前一样给予全面配合。生产企业和国外进口商出于对渠道扁平化的考虑，越来越将传统外贸公司排除在供应链以外。外贸公司间的合作性弱、竞争性强，又没有为协调各企业行为而制定一些必要规则的各种外贸协会或联合会等民间组织，即便有，履行职能的能力也很弱，导致外贸公司之间缺乏共同约定，形成相互倾轧的局面，而这也是外贸企业产品出口价格较低的一个重要原因。仅低价竞销就使得邵阳外贸每年出口损失巨大。同时，邵阳也没有网络化组织，没有以市场为网络协调组织包括产品出口销售渠道开辟、运输、会展、仓储等各项必不可少的业务在内的高效物流链条，因此很容易受竞争对手牵制。当前，沿海加工贸易产业转移正沿“三线”推进，即经赣州向赣、皖地区推进，经郴州向湘、鄂地区推进，经梧州向北部湾地区推进，以上“三州”成为产业转移的桥头堡。此外，广东已在粤北地区及东西两翼建成 20 多个承产区，省财政给予每个承产区 5 000 万元的支持。同时，东南亚国家也正在利用土地、劳动力价格低廉的优势，争夺日韩等国，我国港澳台地区及沿海地区的产业转移，对包括邵阳在内的中西部地区形成了强大的冲击力。

（五）外贸企业缺少创新积极性

目前，邵阳各外贸企业的自主研发能力较弱。笔者经调查发现，邵阳有93%以上的外贸企业基本上没有研发活动，也没有核心技术产品开发活动，企业缺乏自主产权的核心技术产品。大部分企业经营的产品以劳动密集型产品为主，产品的技术含量低、附加值低，这些低技术含量、低附加值的产品形成的传统行业，如纺织、玩具、轻工、服装等，产品在国际市场上的地理分布集中，市场的总体趋势是产品供过于求，因而价格低廉，企业利润微薄。外贸企业创新不足主要有以下几个方面的原因：一是产业配套制约。目前，沿海发达地区关联产业的本地配套率已达到95%，湖南的长株潭城市群的这一比例也达到了 60%。邵阳现有出口企业生产规模小，产业布局分散，已形成一定规模的传统产业，地域特征浓厚，对沿海内移的新型产业缺乏包容性和对接性，关联产业的本地配套率只有 15%左右。受外贸产业配套政策不完善制约，金融服务外贸力度较小。邵阳中小型外贸企业融资担保覆盖面不广，企业融资艰难，隐性融资成本偏高，严重制约了企业的发展。邵阳外贸进出口企业除争取国家和省外贸发展资金外，只能依靠自身努力。二是制度保障缺乏。从决策层面看，个别领导思想观念落后，认为外贸企业对地方财税贡献不大，推动本地外贸发展特别是加工贸易发展的热情不高；从企业层面看，不少企业认为外贸进出口

"一进一出"都需接受海关和出入境检验检疫机构的监管，还要到相关部门办理注册登记和备案手续，不如做国内贸易省事。同时，财政扶持乏力，市本级财政扶持外贸企业难度较大。

（六）民营外贸企业经营权空置严重

尽管民营外贸企业在邵阳外贸发展中占主要地位，邵阳民营外贸企业的发展仍为粗放式增长。邵阳民营外贸企业的负责人很多是曾在沿海地区的打工人员，他们的创业就是在仿效他人，建立小规模企业或作坊后，生产与沿海地区企业相同或相似的产品，并且大多数是选择市场准入门槛低、技术水平要求低的产业来从事生产。邵阳民营外贸企业主营产品以纺织品等轻工业品为主，产品结构非常单一，而且产品技术含量低、价格低。邵阳以轻工业产品出口为主的经济增长进一步恶化了邵阳民营外贸企业的经营条件。对民营外贸企业而言，这样不利于资本及技术存量的增加。"唯利是图，以卖为卖"的经营理念导致民营外贸企业难以兼顾长远利益，对外贸易以追求短期利润为主，缺乏对产品进行创新、对品牌进行创立的动力及投入意识。这种只顾眼前利益的行为给民营外贸企业的发展带来更深层次的不良影响，企业间互相大打价格战，恶性抢占市场，交易成本不断提高，利润空间越来越小，甚至不足以偿付外销部门的运营开支，最后只得放弃自主外贸经营业务，空置外贸经营权，转而采用外贸代理或发展有限的内销，企业规模进一步萎缩，企业发展进入恶性循环。另外，低水平重复建设、通用车间、全能工厂等现象也都表明邵阳民营外贸企业专业化分工程度距离先进水平还有很大的差距。

第三节　金融及对外贸易发展趋势

一、金融发展趋势

（一）互联网金融标准化规范发展趋势

金融业竞争趋于白热化，互联网金融平台为了扩大自身的产品生产线或打造自己的生态链，通过并购的方式来整合行业内的优秀企业或竞争对手。在不久的将来，互联网金融行业会和电商行业一样，出现一家或几家龙头企业。面对竞争激烈的互联网金融市场，资产端成为竞争的突破口，互联网金融平台已开始意识到优质资产端已成为稀缺资源。互联网金融平台正通过各种不同渠道在资产端发力，有的从线上走向线下，有的尝试引入海外优质资产端，有的则开始跨界经营。

互联网金融以弥补传统金融体系的短板为出发点，以解决小微企业融资难题、推进居民消费和解决大众理财难题为初衷。2015 年，互联网金融首次被纳入国家发展五年规划的建议中，并且要求“规范发展互联网金融”。众多业内人士认为，互联网金融之所以被纳入《国民经济和社会发展第十三个五年规划纲要》中，除了国家对互联网金融行业的支持外，更多是对互联网金融业发展的“规范化”。然而，截至 2015 年 12 月底，国内共有 1 302 家互联网金融平台“死亡”，668 家互联网金融平台“跑路”，互联网金融行业首次直面信任危机。李克强总理在 2016 年政府工作报告中明确提出：“规范发展互联网金融。大力发展普惠金融和绿色金融……整顿规范金融秩序，严厉打击金融诈骗、非法集资和证券期货领域的违法犯罪活动，坚决守住不发生系统性区域性风险的底线。”对金融业特别是互联网金融业的发展而言，互联网只不过是一种发展依托的工具，其本质还在于金融。随着各种互联网金融监管政策的落地，互联网金融平台的运作将受到更加严厉的约束，运行也会更加规范。

（二）信用金融体系化发展趋势

1. 个人诚信体系的建立

随着改革开放和国内经济的发展，国内金融市场不断完善和成熟，同时也出现了信用问题，金融诚信越来越受到业界的重视。国内银行业系统首个关于个人诚信监控的个人信用消费金融中心于 2015 年 6 月 18 日在中国工商银行揭牌成立。该个人信用消费金融中心成立后，对个人信用消费贷款业务进行了整合，同时为满足各类消费者的消费要求，通过服务模式改革和金融产品创新，推行纯信用无抵押、无担保的消费信贷业务，并与多方协同，努力提升大众消费能力、刺激消费欲望，营造出大众愿意消费、能够消费、敢于消费的金融环境。个人信用消费金融中心的成立也标志消费金融领域具备了成熟的业务开展模式和良好的管理经验。个人信用消费金融中心推行物流、资金流和信息流的、“三合一”经营和管理模式，对客户的个人信用情况、融资需求进行严格监控，对个人消费轨迹实行精准定位，实现客户的潜在消费转化为现实消费，将客户的消费需求转化为消费信贷需求，以加强“消费+金融+互联网”的融合。

2. 首部全国性社会信用体系建设专项规划出台

国务院印发的《社会信用体系建设规划纲要（2014—2020 年）》，从社会诚信原则、诚信体系建设的重点领域、社会诚信信息系统以及诚信监管的奖惩机制等方面对诚信体系建设进行了全面规划和部署。该规划纲要的出台标志着我国信用体系建设驶入了快车道，社会诚信体系逐步趋于完善，社会诚信度的提高对降低实体经济成本和加强风险防范具有重要意义，对国民经济和社会高质量发展具有很好的推动作用。该规划纲要要求，到2020年在全国范围内全面实现信用基础性法律法规和标准体系的初步建立，基于信用信息资源共享的征信系统基本建成，并覆盖全社会，全面实行守信激励和失信惩戒机制，基本实现全社会共同守信。社会信用体系的建设既包括针对企业和个人市场行为活动的商务诚信，也包括政府部门施政过程中的政务诚信和司法机构的司法公信，信用的主体包括个人、企业、政府部门、司法机关。社会信用体系的建设必须凸显出以法律和制度作为信用体系建设后盾与保障的决心。

总之，金融业是社会信用涉及和运用最广泛的经济领域，每一项金融活动或金融创新，无不以信用为前提。从长远看来，加快社会信用体系建设有利于金融业的改革和有序发展，金融业的改革也有助于社会信用体系的进一步完善，两者形成良性互动，实现相互促进。就金融业的发展和金融业务或金融活动的开展而言，完善的信用体系能够有效打破制约资金流通与资源优化配置的瓶颈，大大降低金融领域面临的风险。同样，金融业务或金融活动的开展而产生的信用信息数据，也是社会信用体系建设的依据和动力。金融手段运用的目的之一就是激励守信、惩戒失信，金融手段是激励守信和惩戒失信的重要内容。近些年来，国内金融系统的征信体系建设迅速推进，社会信用体系不断完善，如国家发展改革委、中国人民银行牵头建立了社会信用体系部际联席会议制度，同时中国人民银行还出台了关于农村信用体系建设和中小企业信用体系建设的指导意见……此外，各种专业化的征信机构相继成立并不断发展。如果能够形成覆盖全社会的征信系统，那么无疑将为经济运行和社会管理创造良好的信用环境，让信用信息数据发挥出更大的经济效益和社会效益，对经济社会高质量发展提供强有力的保障。

（三）农村金融创新发展趋势

随着国家扶贫力度的加大、农业发展方式的转变以及农民工返乡创业和互联网金融向农村渗透，新的趋势与变化正对银行的金融服务提出新的需求。在未来几年内，对接精准扶贫名单，推出贫困户创业贷款，加大对贫困农户的信贷支持力度，帮助其尽快脱贫致富，将成为金融扶贫的重点工作和主要趋势之一。结合农业规模化、产业化、绿色化、精品化发展趋势，以规模种养农户、农机大户等新型农业主体为重点，积极增加信贷投入，并以此为突破口，提供金融服务，不断提升对农村优质客户的服务水平，将成为未来金融机构支持“三农”发展的重要着力点。支持返乡创业人员，在准入标准、担保政策、信贷审批等方面出做出针对性的安排，成为农村金融未来新的需求点。针对“三农”金融服务需求，研发专门的互联网金融服务平台，集合农产品电商、交易支付、小额贷款等功能，提供更加综合化的金融服务正成为金融机构积极布局的新增长点。

二、对外贸易发展趋势

（一）服务贸易国际化增长趋势

国务院部署推动发展服务贸易，契合了国内创新创业的热潮，可以为这些创新创业企业寻找到一片更为广阔的海外市场，对“双创”产生良好的带动作用。随着进一步扩大服务贸易的开放准入，我国可以把国外先进的服务管理理念引入国内，加强服务行业的竞争，进而对国内服务业的发展也起到良好的带动和促进作用。发展服务贸易，既可以培育经济增长新引擎，促进国内服务业的发展，又可以优化对外贸易的结构，作用巨大，意义深远。

（二）外贸商业模式和产品创新发展趋势

随着经济发展的全球化，外向型产业链逐步趋于完善，企业的外贸发展能力也不断趋于增强，尤其是伴随互联网的发展，跨境电子商务、市场采购贸易以及外贸综合服务等新型外贸商业模式蓬勃兴起并不断完善。目前，邵阳具备跨国化经营能力的企业的数量不断增多，跨国经营企业群体也日益壮大，大多数企业开始注重品牌建设。出口企业的出口产品的技术含量也逐步提高，装备制造业成为邵阳出口企业新的增长点。更为重要的是，民营企业活力不断迸发，很多民营企业积极向高端产业、高附加值产品出口拓展，智能化产品外贸形势开始凸显。

（三）贸易金融国际化融合发展趋势

资本的全球化流动推动了金融发展，有形贸易以及无形贸易的跨国界发展也大大推动了对外贸易的发展，金融发展与对外贸易之间相互渗透、相互促进，推动了全球经济的飞速发展。随着“一带一路”倡议的提出以及国际产能和装备制造合作协议进入实施阶段，中国国内对外贸易与对外投资相互促进的局面正在逐步形成，这些为外贸发展增加了新的动能。邵阳外贸发展也获得了新机，展现出了良好的发展形式。随着商业银行以客户维度管理和综合金融服务意识的深入，贸易金融将打破固有的概念，融合国内业务、国际业务、跨境业务范畴，面向国内、进出口、国外三个市场提供贸易金融服务。跨境相关的贸易金融，其业务领域将突破贸易的范畴，延伸到资本业务、资金业务、账户服务和清算服务等，贸易金融客户群体将呈现多元化，离岸和境外概念逐渐靠近，考验贸易金融服务商的综合服务能力。国内“资产荒”的现状将因境外市场的开放得到缓解，跨境人民币的运用更加广泛。未来，贸易金融行业及经济领域小业态将会普遍体现在组织架构、专业队伍、配套资源等软性竞争力方面。国际贸易金融将呈现资产交易和流转的显著特点，出现银行贸易金融服务和非银行贸易金融服务并举，各类金融服务机构在此基础上进一步开展同业合作，促进新型国际贸易金融的深入开展。

第四节　邵阳金融及对外贸易高质量发展对策

一、提升邵阳金融经济效益的对策

（一）调整银行存贷比例，增加经营性贷款

银行应调整存贷比例，加大对企业信贷的力度，减少企业信贷业务审批及担保流程，构建中小企业金融服务平台，加大经营性贷款支持力度，从而真正发挥金融服务经济发展的效能。邵阳应进一步落实中小企业融资服务平台作为金融第三方基础服务平台的服务效应，面向邵阳的中小企业提供融资服务，为中小企业的发展破解资金困局。中小企业可以在平台上发布自己的项目或主动与投资机构进行接洽，通过路演等形式对自身企业或项目进行展示，为融资提供更多机会。投资机构也可以在平台上发现具备潜力的中小企业，进行相互合作。双方在平台上可以达成高效、精准、快捷的合作。产业园区应进行入驻对接，更好地提升企业效率与发展空间。同时，作为全面开放性的平台，银行、担保公司、会计师事务所、保险公司等融资相关机构也可以在平台上开展业务，更可以与各类网站平台开展对等、互利的合作。邵阳应加强监管，合理利用民间金融。民间金融体现两个方面的性质，既具有促进经济发展的积极性，也具有影响金融稳定的不良性。民间金融业的发展和其他事物的发展一样，同样经历了从无序到有序的过程，在其产生和扩张的历史过程中，尽管出现过高利贷等不规范金融行为，甚至在资金链断裂时出现崩盘情况从而导致众多投资者发生亏损乃至血本无归等现象，但只要合理监管并不断改进与完善民间金融市场制度，可以使其成为正规金融的必要补充。因此，对民间金融，邵阳要扬长避短，取其利，改其弊，通过正确引导、必要监管，使之发挥对经济高质量发展的应有作用。

（二）加快发展信用保险

对企业而言，信用保险的主要功能是保障企业应收账款的安全。其原理是风险转移，也就是把债务人的保证责任转移给保险人，通过风险的转移，当债务人不能或不愿履行其义务时，可以由保险人承担相应的损失赔偿责任。邵阳应扩大信用保险业务经营范围，为企业生产、贸易融资提供信用担保。这一方面可以增加保险业务服务收入，另一方面可以为企业经营提供信用担保，从而利于企业获得更多融资。金融机构应履行社会职责，支持创业和就业并提高信用资金贷款额度；支持返乡创业人员相对集中、具有经营优势的县域主导产业的配套行业、规模农业、休闲和旅游农业、农村电商、农业生产性服务业等具有发展前景的行业和领域发展；研发专门的金融产品，为返乡人员提供更多的创业和就业机会。

（三）创新邵阳互联网金融，加大跨境金融服务力度

邵阳居民储蓄的存款增幅始终高于湖南存款增幅，为邵阳互联网金融业的发展奠定了坚实的基础。邵阳应推进互联网金融发展，逐步完善邵阳地方金融体系建设，鼓励金融创新。

一是要统一思想。邵阳可以借鉴小额贷款公司的做法和管理，将互联网金融机构逐步纳入邵阳新型金融机构范畴内，不断丰富邵阳金融市场体系，深化邵阳金融市场创新。

二是要重视建立健全机制。邵阳应由金融办牵头统筹，联合中国人民银行邵阳中心支行、邵阳银保监局、工商局、财政局、公安局、税务局等相关部门，共同建立互联网金融联席会议制度和互联网金融工作机制，推进邵阳互联网金融业的健康稳健发展。

三是重视政策体系的构建。邵阳可以借鉴各地区的有效做法，由金融办联合市（县）各相关部门共同制定邵阳互联网金融政策，并规定具体的适用范围、认定标准和操作规程等，同时加快研究出台符合邵阳当地经济发展实际的指导意见，鼓励互联网金融业的健康稳定发展。

四是重视监管。政府和金融监管部门要及时制定互联网金融监管办法，加大互联网金融风险监测及风险处置力度，坚持制度防范，严守底线，确保不发生区域性、系统性金融风险；对利用互联网平台进行非法集资和融资、非法支付结算和非法证券交易等金融违法犯罪活动进行严厉打击，严防死守，切实维护邵阳金融秩序，构建良好的互联网金融安全区。

五是强化基础设施建设。互联网金融是一种新的金融业务形式，其发展需要良好的设施基础，以确保信息的可靠和安全。因此，邵阳要通过探索建立监管信息平台，推动信息的交流对接以及信息资源的共享，支持符合条件的互联网金融企业在邵阳的发展，并接入中国人民银行征信系统。基础设施建设方面主要包括组建互联网金融信息服务平台；优化包括数据储存备份、云计算共享服务、大数据挖掘服务、销售结算服务等在内的互联网金融配套服务体系等。

六是优化互联网金融发展环境。邵阳可以适时成立市互联网金融行业协会，并制定和发布自律公约，充分发挥行业协会在金融领域调解纠纷的作用，全方位解决互联网金融业务纠纷，同时加强对投资者的金融知识普及、对互联网金融投资者进行风险教育，以提升对互联网金融本身的认知度和增强对互联网金融风险的防范意识。

（四）落实发展农村金融服务

金融机构要高度重视农村存款市场，责任清晰，全员参与，认真分析研究，锁定目标群体，拓宽资金组织渠道，用优质的服务吸引客户，确保存款规模和市场份额的有效增长。一是要做好农户富余资金的揽储工作，通过下乡宣传、发放小礼品等吸引农户储蓄。二是要通过零钱兑换、上门收款等工作，做好个体工商户的流动资金揽储工作。三是要通过贷款客户的资金归社管理，做好贷款客户的资金揽储。四是要充分利用支付结算渠道，做好返乡农民工的存款组织工作，站稳农村储蓄市场。金融机构应坚定支农支小、做广做精的市场定位，加快业务结构调整，推进业务经营转型，全力服务农村小微企业和实体经济发展，广泛深入开展农村金融服务工作。

二、提升邵阳外贸经济效益的对策

邵阳外贸层次较低、水平不高，受外部环境影响较大。从整体来看，上规模、有实力的外贸企业不多，出口商品科技含量低、附加值不高、缺乏核心竞争力，新的出口商品开发滞后，进出口国别（地区）比较集中，使得邵阳外贸抵御市场风险能力较弱，受国际、国内贸易环境影响明显。涉及邵阳外贸的国际贸易摩擦增多，邵阳外贸长期受到原有外贸经营理念的影响，外贸经营权空置现象严重，交易成本偏高。在国际国内市场竞争越来越激烈、制约因素越来越多的形势下，邵阳外贸发展会越来越缓慢。

党的十八届五中全会提出创新、协调、绿色、开放、共享五大发展理念。邵阳外贸发展要紧紧围绕邵阳地区优势，走创新发展的道路，提升外贸经济效益。因此，邵阳应加大外贸发展支持力度，企业应转变外贸经营理念，进一步调整外贸发展战略。

（一）加大外部环境支撑力度

1. 加快外贸物流发展，降低交易成本

邵阳物流发展对邵阳外贸发展的影响较大。因此，邵阳更应该加快交通运输网络、信息网络等基础设施的建设与完善，使国际贸易进出口交易、运输等更为方便、快捷，为国际贸易规模的扩大提供外部条件。邵阳应克服本地国际港口空缺的劣势，加快邵阳在全国的口岸物流基地建设、搭建口岸直通邵阳的物流空间网络，以此降低国际贸易的经营成本。邵阳应合理选择国内外第三方物流企业进行业务合作，通过发展供应链管理，更好地为邵阳的对外贸易服务。事实上，在国际物流中，企业需要面对许多环节，而这些环节不可能全部由企业自己完成，因此企业必须在全球范围内寻求业务外包或业务合作伙伴。企业通过物流业务的外包或业务合作，可以把原来作为固定费用的经营资源转化为变动费用，这样一来就能够以更低的成本获得比较优质的服务。

2. 政府引导构建“互联网+”外贸体系

政府要积极推动电子商务外贸体系构建，引导外贸企业利用网上贸易和电子商务等现代贸易方式开拓国际市场，发动邵阳更多的外贸企业成为中国国际电子商务中心会员，为邵阳的外贸进出口企业带来更多的出口商机。邵阳应利用国内已有的定位于国际贸易供应链的电子商务综合服务平台，同时结合互联网的最新技术以及运用大数据原理，并与商业银行、保险公司、基金机构以及信用调查评级机构实现战略合作，共同探索和研发既服务于海外买家，也服务于出口供应商（出口代理）以及物流企业等整个国际贸易各个环节的服务系统，真正实现信息流、贸易物流和资金流的“三合一”，提升贸易质量，加快贸易速度。这种“三合一”的外贸模式可以让海外买家在经过专业机构的评估后获得授信额度，并在指定的供应商范围内获得赊销支持；而出口商则可以提前获得货款，或者在采购原材料时就得到无抵押、无担保的融资支持，从而形成一个以良好信用为基础的外贸诚信生态圈，推动更多买家向邵阳供应商下单，为出口企业提供一站式服务，从而助力出口业务的扩张。

3. 政府协助发挥经营主体集聚效应

民营外贸是邵阳外贸发展的主要动力。2014 年，邵阳民营外贸出口交货价值 71.83 亿元。邵阳的箱包、皮具、皮草、服装、医药化工产品等每年通过上海、浙江、广东等地代理出口超过 5 亿美元，九兴控股在邵投资企业出口增量超过 4 亿美元，外贸出口挖潜增量大有作为。邵阳打火机、发制品、皮革制品、皮草制品、医药中间体以及传统的农副产品、五金工具和水电设备等的生产技术优势明显，而且市场占有份额相对稳定，不少企业已成为国内外行业龙头。其中，邵东市一次性打火机已占全球市场份额的 70%。政府应积极引导市内龙头企业实施科技兴贸、品牌建设和市场多元化战略，进一步加大知识产权保护力度，加快建设研发设计中心，努力培育自主品牌，推进境外销售平台建设，努力拓展欧盟、北美、中东等新兴市场，力争用 3~5 年时间，努力培育年进出口总额上亿美元的企业 5~6 家，超过 5 000 万美元的企业有 8~10 家、超过3 000万美元的企业有20家。政府应进一步鼓励民营企业发挥在进出口贸易中的主导作用，大力扶持外贸出口龙头企业，从整体上壮大邵阳外贸主体的力量。

4. 发挥行业协会作用，强化信息对称及预警机制建设

邵阳应加强对外贸企业有关方面的宣传，有针对性地组织企业参加境内外各种博览会、展览会和展销会，积极引导企业开拓国际市场，为企业开拓国际市场提供信息、咨询等服务。邵阳应建立共享外贸信息数据库，发挥外贸行业协会的作用，健全组织机构和服务网络。邵阳应增强出口企业行业自律意识，规范经营秩序，不断提高产品的附加值，提升产业形象，鼓励企业间良性竞争，推进整个行业出口的稳定、健康、持续发展。邵阳应进一步规范政策操作，在政策制定、实施等环节要改变现有的方式方法。

5. 加大金融服务外贸的力度

外贸的发展，离不开金融部门的支持和扶持。金融部门要结合体制改革，进一步解放思想，切实改善对外贸的金融服务，克服“惜贷”“怕贷”心理，扩展服务项目，降低贷款门槛，扩大贷款规模和提高信贷审批效率，对那些有市场、有效益、有信用的外贸企业要重点扶持、大力支持。

邵阳应搭建便捷的融资平台，提高企业抵御风险能力。邵阳应依托投资公司、担保公司和风险投资公司，拓宽企业融资渠道；加强银企合作，帮助外贸企业与金融机构有效对接，提高外向型企业的授信额度，破解出口企业融资难问题；鼓励企业投保出口信用保险，防范和化解出口风险。邵阳劳动力资源、农林资源等相对丰富，发展加工贸易具有明显优势。邵阳应在全力争取国家和省政策、资金支持的同时，及时出台相关政策，为发展对外贸易提供强有力的组织、经费和机制保障。邵阳应加快研究和出台项目用地、规划、环评、供电、供汽、融资、税收减免、人才引进等配套政策，努力打造政策高地和投资洼地，吸引更多的沿海加工贸易企业来邵阳投资兴业。

（二）外贸企业加快自身转型发展

1. 外贸企业创新产品，提高市场竞争力

在信息经济时代，企业的生存和发展都少不了创新，包括技术创新、管理创新、经营模式创新等。外贸企业必须制定适合企业发展的文化理念和经营理念，在此基础上外贸企业才能增强创新意识，实现技术创新、管理创新、经营模式创新。市场是不断变化的，瞬息万变的市场每时每刻都在产生新信息、新知识。新知识的涌现要求企业改革、创新，要求企业不断强化和革新管理技术，争取到产品的差异优势，制定出自身特有的竞争战略。只有这样，企业才

能在激烈的竞争中保持持续的竞争优势。对一些特定商品而言，外贸企业可以加强与国内外科研机构的合作，充分利用技术的作用奠定市场基础，制定一个适合企业发展的战略规划。必要时，外贸企业可以引进专业的管理咨询机构帮助企业制定和创新战略规划。因此，外贸企业要提高自身的盈利能力、提高在国际市场中的竞争力，就必须充分结合国际市场的需要，组织生产，不断进行创新。企业要生存、发展就必须有强劲的竞争力，竞争力也是保证企业获得利润的基础。企业只有拥有了竞争力才能够在市场中占据一席之地。一个企业的竞争力主要体现在人力、物力、文化以及品牌方面。外贸企业必须扩大自身的生产规模，而这里的规模主要指的是业务规模。在扩大规模的发展过程中，企业能够在资金和技术方面形成一定的优势，进而增强企业的综合竞争力。

外贸企业要积极开创自身品牌。目前，邵阳出口产品已拥有机电产品、皮革皮草、发制品、打火机、鲜冻猪肉、橘子罐头、医药化工产品等十大类200多个品种。其中，18个品种已成功获批国家和省知名品牌，在国际市场尤其是亚洲、非洲市场享有广泛声誉。为了占据市场，拓展企业影响，外贸公司也可以利用自身对市场的了解，根据海内外市场的需求，积极开设研发机构，参与生产企业的产品研发和生产，提升企业产品的独特性和技术含量，增加与同类企业产品的差异性，从而增强市场竞争力。无论是国内市场还是国际市场，都由劳动密集型生产向服务和技术密集型生产转化，外贸企业不仅要关注市场需求，还必须更加关注自身技术的革新，关注自身服务的转型。只有这样，才能有针对性地洞悉市场、了解市场、服务市场，才能制定出适应市场和消费者需求的贸易策略，提高产品影响力和知名度，进而打造具有“个性”的自主品牌，提升市场竞争力。拥有“个性”是自主品牌建设的重要标志，同时也是企业生存和发展的基础，任何企业无论规模有多大，也只能在某一个特定的领域或某一类具体的产品上形成自身的优势，不可能在所有领域、所有产品上形成垄断优势，不可能在多个方面都形成强大的竞争力。因此，企业要形成良好的品牌战略意识，从而增加企业的盈利能力。外贸企业要狠抓出口产品品牌建设，将自主创新和产学研协作创新相结合，通过实行多种形式的产、学、研联合，与高校及科研院所建立稳定的合作关系，及时消化国内外先进科技成果，形成自己的技术优势。努力探索企业出资与大学进行校企合作的创新途径，采取校企共同研发、成果校企共享的合作模式，全面抢占技术优势，加快技改创新步伐，不断优化出口结构。同时，企业应紧紧抓住沿海产业转移的契机，致力于引进高端制造、生物化工、新型能源等新兴产业，全面提高邵阳外贸企业的发展质量，不断推进出口产品品牌建设。

外贸企业在原有发展基础上要创新产品，增加产品附加值，如文化附加值等，从而打造出差异性产品，避免过多企业重叠生产同质产品，减少企业低价恶性竞争，增强国际竞争力。

2. 外贸企业对接“互联网+”战略

除了自主品牌建设外，外贸企业还必须进行商业模式的创新。在信息时代，互联网和信息化技术的发展大大缩小了外贸公司与国际大型企业之间能力上的差异。对外贸企业来说，网络销售手段有利于企业消除资金、规模方面固有的缺陷，降低成本。为此，外贸企业可以根据自身业务流程，借助网络的力量，有效提高企业资源的利用率，达到节省成本、提高利润率的目的。在当前形势下，邵阳的外贸企业要借助各种资源加快对接“互联网+”战略，打造“互联网+外贸+金融”的新型外贸模式。

3. 外贸企业对接信息化，发展低碳外贸

外贸企业要增强信息意识，因为市场对固定商品的稳定性并不高，但是对价格却比较敏感，所以外贸企业全面掌握信息的能力成为企业利润的保证。外贸企业要切实加强管理人才的培养，加强产品国际市场信息化网络建设；根据掌握的全面信息调整市场结构，促进多元化发展。

邵阳要发展低碳环保型外贸，发展“智能制造+节能减排”的高效绿色外贸，通过技术改造和节能减排，让企业真正实现绿色生产，提高外贸企业国际市场环保竞争力。邵阳外贸企业要进一步发展制造业外贸，扩大机电和高新技术产品出口，积极加强企业的管理体系建设。这包括环境体系和各类产品的国际认证，比如ISO9002国际质量体系认证，德国GS产品安全认证等。这部分认证虽然需要花费高昂的费用，准入要求也很高，但这是进入国际市场的一种通行证，也是提高产品竞争力的支撑。

4. 依托“一带一路”辐射力实现跨空间外贸合作，大力发展边境贸易

“一带一路”倡议的提出，是党中央主动应对全球形势深刻变化、统筹国内国际两个大局作出的重大决策。“一带一路”倡议将构筑新一轮对外开放的“一体两翼”，在提升向东开放水平的同时加快向西开放步伐，助推内陆沿边地区由对外开放的边缘迈向前沿。

邵阳外贸受到国内市场与发达国家市场的限制，不适应采用进口替代的发展政策，而是要树立依托“一带一路”辐射力，跨空间实现“邵阳外贸企业跳出湖南，大力发展外延性边境贸易”的经营战略意识。邵阳要大力开辟国际市场，化解区位劣势，发展边境贸易；借助省内外资源、国内外市场，把握中国与东盟区域经济一体化发展趋势，大力开拓东盟及其他边境国的市场，壮

大邵阳外贸经济。中国已成为东盟对外开放的重要市场，与中国贸易合作日益密切的东盟国家开始将目光瞄向资源富饶的内陆。与东盟国家山水相连的我国广西、广东凭借着得天独厚的地缘优势发展成为“边境贸易长廊”。邵阳与广西、广东接壤，有可能成为东盟开拓中国内陆市场的跳板。

邵阳外贸企业的特点是生产规模小、资本总量少、固定资产少、转型成本低、运作机制灵活、善于在机会成本低的领域捕捉发展机遇。国家鼓励发展边境贸易，鼓励大中型国有企业和民营企业开展边境贸易，努力扩大边境贸易规模，提高边境贸易水平。因此，邵阳应充分利用机遇，瞄准边境国家经贸这种互补性、差异性强的优势，迅速拓展边境国市场。邵阳外贸企业完全有能力利用交通优势发展边境贸易。

邵阳北靠长江，通江达海，属于长江中下游开放开发带；南临广东、广西，紧靠沿海开放带和我国港澳地区；东接江西，西连重庆、贵州，处在中国南方沿海开放带和长江流域开放带之间，地理位置优越。洛湛铁路贯穿湖南与广西，直达湛江。湛江是我国重要的对外贸易港口，也是广东、广西地区对东盟出口贸易的主要港口。随着国际货物多式联运业的发展，各种贸易术语的适用范围越来越广，邵阳的铁路运输线可直达湛江，再经海洋运输出口货物至东盟等边境国家能有效降低运输成本。虽然邵阳与边境国贸易的区位优势不明显，但国际物流业的发展使得传统的地理位置对贸易的影响程度在减弱。

邵阳可以跨越区位限制，发展现代物流业，即在邵阳生产，在边境建大型物流区。邵阳应利用我国与边境国家正在发展国际物流中心的大好时机，外贸企业应围绕中国与边境国家物流中心对接地区建立大型物流区，可以集市域产品于统一边境市场销售，让客户自主进行多种类、多方式实地采购，逐步形成稳定的目标市场，培育有效的售后服务体系，消除客户的后顾之忧，解决邵阳产品找销路难、长期营销成本大的问题。在边境投资建工厂、投资边境国家、收购兼并边境国家企业等经营策略，可以成为邵阳发展边境贸易的主流趋势。邵阳应以优势行业为核心，加快培育产业集群。邵阳应突出行业特色，有重点地发展几个优势行业和拳头产品，形成产业集群和规模优势。邵阳可以考虑选择轨道交通设备制造、工程机械、汽车及零配件、有色金属、黑色金属、烟草、电子信息、新材料、生物医药等行业为重点；同时，围绕龙头企业，发展零配件工业，并在区域内建立招商项目转让机制，促进关联企业地域上的集聚，加速形成产业集群。邵阳可以投资边境国家，以物美价廉的产品开拓中国和边境国家庞大的市场。邵阳劳动力市场较大，具有动态比较优势。这有利于邵阳外贸制造业劳动力比较成本优势的发挥。在边境贸易中，邵阳外贸企业有一支生力军，即从在边境经常从事国际倒卖的小商小贩，到常年坚持运营的边贸企业，再到在边境投资建厂办企业的企业集团，经过商海风浪的洗礼，逐渐成长壮大，日趋成熟，成为边境贸易的中坚力量。随着“一带一路”倡议的推进，边境贸易合同金额越来越大，已突破边境小额贸易的局限。边境贸易进出口商品结构日趋优化，这意味着边境市场的消费能力在不断增强，市场的容量也在不断扩大。邵阳主导产品和品牌商品的国际市场空间将会持续扩大。

第三篇

专题研究

第六章　邵阳民营经济高质量发展研究

第一节　邵阳民营经济发展现状

近年来，邵阳民营经济随着各项改革的不断推进得到进一步快速发展，占全市整体经济的比重不断提高，已成为推动邵阳经济快速发展的主导力量。2018 年，邵阳近 1 800 亿元的地区生产总值中，民营经济占据了近 65%的份额。从行业来看，民营经济已成为邵阳国民经济一些主要行业的重要支柱甚至是主体。据统计，2018 年邵阳非公有制经济对邵阳地区生产总值的贡献率达到 64. 7%，非公有制经济总量达到 1 154. 13 亿元，较上年增长 8. 9%。

邵阳民营经济涉及领域日益广阔，除国家明令禁止的行业外，几乎涵盖了所有的领域，已全面形成“投入民资、企业民营、事业民办、设施民建”的以民营经济为主的经济发展新格局。一是积极参与国企改制，实现低成本扩张。在各项优惠政策吸引下，民营企业积极参与国有、集体企业的改制。二是积极利用丰富的农业资源，大力发展农产品加工业。民营企业在农业发展中起到了主导作用。三是积极创汇、创牌，大力开拓国际市场，涌现出一批国家免检产品和有市场影响力的品牌。四是逐步告别传统模式，注重聚集和规模经营。经过多年发展，民营经济已逐步改变过去那种“村村点火，户户冒烟”的发展模式，积极向城镇迁移，向工业园区集中。五是着眼前沿竞争，科技型企业逐步兴起。为顺应市场竞争焦点向人才、技术、信息等方面转移的新趋势，民营企业加大了高新技术的运用，在企业技术改造方面加大了力度，积极与高等院校、科研院所联合创办科技型民营企业。

第二节　邵阳民营经济在国民经济发展中的作用

民营经济是草根经济，也是富民经济。从改革开放以来，特别是自2003年《中华人民共和国中小企业促进法》实施以来，民营经济发展迅速。随着国家各项管制政策的放宽和优惠政策的实施，民营经济已逐步进入国民经济的各行各业中，已经成为社会经济发展中最活跃、最积极、最具竞争力的经济成分，在社会经济中发挥着越来越重要的作用。实践证明，民营经济的发展有力地支持了社会经济的持续、快速、健康发展，是激活民间投资、拓宽就业渠道、推动社会经济发展的重要力量，在经济中占据主体地位，对社会经济发展起着重要的推动作用。

一、民营经济是社会经济的重要组成部分

改革开放以来特别是近年来，邵阳市委、市政府高度重视民营经济发展，把发展民营经济作为经济工作的重中之重来抓，加强引导，积极扶持，优化服务，促进民营经济快速发展。邵阳民营经济从小到大、从弱到强，从“作为国民经济发展的有益补充部分”发展到“成为国民经济发展的重要组成部分”，从“推动国民经济发展的动力之一”成为“拉动国民经济增长的主引擎”，从“市场经济的组成部分”发展成为“活跃市场的主力军、扩大就业的主渠道”和改革开放“走出去”发展的“排头兵”。统计显示，2018年，邵阳非公有制经济总量达到1 154.13亿元，同比增长8.9%，民营经济增加值对邵阳地区生产总值的贡献达到64.7%。邵阳民营企业100强入围门槛达到1.87亿元。其中，三一湖南汽车制造有限责任公司等18家企业2018年度的总产值（营业收入、投资额）均超过10亿元，邵阳天娇汽车贸易有限公司、邵阳龙腾汽车销售服务有限公司入围2018年湖南民营企业100强，分别位列第63名、69名。2018年，邵阳民营规模工业企业资产总额达到641.11亿元，增长7.1%，有146家规模工业企业资产总额突破1亿元。

这些成绩的取得主要得益于邵阳市委、市政府认真贯彻落实国家、省相关政策精神，并相应出台了《关于加快民营经济发展的若干意见》等一系列政策，对民营企业进一步放宽投资领域、降低市场准入门槛、消除各种歧视和取消各种不合理规定，实行专项资金扶持、重奖品牌企业、奖励纳税大户、奖励外贸出口大户等政策，优先解决重点扶持企业用地难、用工难、融资难、开拓

市场难等问题，为民营经济营造了良好的发展环境，进一步激活了民间资本，促进了民营经济的快速发展。

二、民营经济是社会经济增长的重要源泉

民营经济作为实体经济而存在，多数通过自筹资金、自由组合而成。对民营企业而言，无论何种形式，都有非常明确的产权关系和利益关系，民营企业在经营模式上都是自主经营、自负盈亏。因此，民营企业能够在生产经营活动中自主决策，在市场竞争中采取灵活机动的措施以求发展壮大，使民营经济具有较强的生命力，是最具生机活力和增长潜力的经济成分。2018 年，邵阳非公有制经济规模工业实现利润总额 81.25 亿元，增长率达到 22.9%。其中，利润总额超过 1 000 万元的民营企业有 147 家，超过 1 亿元的民营企业有 8 家。

三、民营经济是解决就业问题的重要渠道

就业是民生之本，解决就业问题是我国当前和今后较长时期重大而艰巨的任务。就劳动力构成而言，大部分民营经济属于劳动密集型，而且很多民营企业尤其是中小型作坊式民营企业对劳动力素质要求相对较低，便于安排城镇下岗职工或劳动技能单一的群体就业，也容易吸纳农村富余劳动力。目前，邵阳民营经济为大中专毕业生、城镇下岗职工和农村富余劳动力提供了大量的就业机会。2018 年，民营企业吸纳就业 65 万多人。

四、民营经济是增加财政收入的重要途径

截至 2018 年年底，邵阳非公有制经济共有各类市场主体 25 万余户。各类非公有制经济主体 2018 年实缴税费 95.97 亿元，同口径增长 22.6%，占全市税收收入的 74.8%，民营经济成为财政收入的重要来源。此外，民营经济领域投资占固定资产投资的比重达 70%，成为扩大投资的重要主体。民营企业社会公益捐赠每年近 4 000 万元，成为扶贫济困的重要力量之一。

第三节　新常态下邵阳民营经济发展存在的问题

一、新常态下邵阳民营经济发展面临的政策执行困境

关于民营经济发展面临的政策执行困境的表现形式，学术界的研究观点比较一致。根据调查数据，以下从依法行政、政策法规落实、市场环境监管等方

面分析邵阳民营经济发展面临的政策执行困境的现状与特点。

（一）依法行政

依法行政，建设法治政府，是发展和完善社会主义市场经济的本质要求。调查数据显示，邵阳民营企业对此评价较低，认为很好或较好的比例合计仅为22.2%。调查数据也显示，企业对政府的依法行政不满意主要集中在政府落实《中华人民共和国中小企业促进法》等法律及配套政策法规不到位（30.8%）、服务机构作用发挥有限（17.9%）、办事效率低（16.4%）以及公务员素质不高（14.6%）等方面。由此可见，邵阳需要进一步加大行政执法的监察力度，提高执法人员的自身素质，增强执法人员的法律意识，公开办事程序，提高办事效率。

（二）政策法规落实

客观而言，邵阳非常重视地方投资和招商等优惠政策的制定，并出台了一系列鼓励投资的税费减免政策，但从调查情况来看，有52.4%的民营企业主对邵阳在实施优惠政策方面不满意。这在一定程度上也可以解释近年来邵阳大量的民营企业出现外溢投资倾向的原因。这种不满意主要集中在优惠政策的兑现程度（仅有7.1%的满意度）、费用征收（仅22.2%的满意度）等方面。政策法规落实不够不仅影响企业对政府诚信的评价，同时也必然会导致企业对地方未来经济发展前景的担忧。

（三）市场环境监管

市场环境主要体现在市场秩序方面，良好的市场环境能够克服市场无序和混乱，促进有利于经济发展的相关政策的制定和落实。调查表明，对于邵阳地区市场秩序的评价，民营企业主的认可度较低，仅为14.8%。进一步的调查发现，假冒品牌（44.5%）、同行业恶性竞争（30.2%）、拖欠货款（12.9%）和偷税漏税（12.4%）是影响市场秩序的主要因素，这反映出邵阳地区市场环境的建设不仅要加大市场监管的执法力度，规范行业竞争和营造良好的市场秩序，同时更要加强企业和产品的品牌建设，提高产品的附加值和市场竞争力。

二、新常态下邵阳民营企业面临的财务风险

改革开放40多年来，邵阳民营企业从无到有，不断发展成长，企业各方面的能力也不断完善，风险抵御能力逐步增强。但是近年来，随着国民经济和社会发展步入新常态，国内企业面临一系列急需解决的新问题，如过去以投资为经济主要动力造成传统产业产能过剩，资源消耗型经济增长方式造成企业边际效益递减。在新常态下，新的增长点有待培育、企业转型升级迫在眉睫，这

给企业财务管理带来诸多新挑战。对民营企业尤其是中小型民营企业而言，财务管理风险放大。如何适应新常态发展要求又不陷入财务风险陷阱，是企业必须思考的问题，也是学界关注的热点。另外，2020 年年初突发的新型冠状病毒肺炎疫情让诸多民营企业处在融资、投资、运营等财务风险的风口浪尖。如何增强中小型民营企业在财务风险管理方面的能力，又成为政府和社会关注的焦点。经济新常态下中小民营企业的财务风险主要体现在融资、投资、企业运营和收益分配等方面。

（一）融资风险

第一，新常态不单纯追求过去的高速增长，更注重高质量增长，加上目前国内外环境变化，总体经济形式出现下滑，很多中小民营企业收益水平连年下降，盈利空间不断缩小甚至亏损，企业留存资金短缺，融资难以满足资金需求。第二，就企业权益资本筹集而言，股权融资是多数企业采用的一种速度快、效率高的融资手段。目前我国对企业上市采取审核制，企业股权融资在政策层面上面临许多限制条件，而且中小企业在资本市场活跃程度并不高，机构投资者从中获利微薄甚至无利可图，投资的意愿降低，使得中小企业难以筹集到资金。第三，就债券借贷融资而言，目前国内企业债券市场不如股市和银行信贷市场活跃，而且对中小民营企业来说，其很难达到发行债券的门槛要求，通过债券方式进行融资对中小民营企业几乎没有可能。此外，突发事件，如新型冠状病毒肺炎疫情，将使中小民营企业面临新的融资困境。一方面，受疫情影响，投资者可能持投资收缩战略，投资更加谨慎；另一方面，疫情会影响人们的消费，企业营业收入会在短期内下降，资金回笼减速，坏账增多。

（二）投资风险

经济运行进入新常态，“控速提质”成为经济增长依循的基本准则。作为推动经济增长的重要手段，投资也相应被提出了新的要求。国内项目投资不再是过去那种简单地以要素投入为依托的粗放型投资模式，而是转为以技术进步为动力、创新为目标的集约型投资模式。以“新基建”项目投资为例，其涉及的第五代移动通信网络（5G）基站建设、大数据中心、新能源设施、工业互联网等领域。与传统基础设施建设不同，“新基建”项目不仅涉及诸多产业链，而且以技术创新为驱动。对投资企业特别是中小民营企业来说，一方面，项目投资相对庞大，资金风险较大；另一方面，投资项目收益水平的不确定性决定着企业的投资风险。很多中小民营企业的投资是以短期的收益获取为目的的，投资上存在无长远目标甚至盲目跟风现象，经济新常态要求对企业投资项目的审核较以前更加严格，要求企业符合项目投资的条件更多，对中小民企而言，投资很容易增加企业财务风险。投资风险受多种主客观因素的影响，如投资项目的创始人或团队、项目经营以及所在行业的竞争程度都会影响投资收益状况，导致投资风险的存在和发生。

（三）运营风险

财务风险总是与资金相伴，企业运营又离不开资金。在经济新常态背景下，随着企业内部价值形态的改变，财务风险可以说每时每刻都存在于企业的运营过程中。为适应新常态要求，中小民营企业不得不调整或改变原有的经营模式和经营理念，导致企业现金流短缺，如果出现持续性或长时间的资金短缺，而又不能得到股东注资或银行贷款等外部资金补充，企业资金流必将迅速耗尽，运营风险随之出现和增大。此外，例如 2020 年年初新型冠状病毒肺炎疫情的发生就使大量中小民营企业资金链断裂，陷入运营困境。据调查，约有 90%的民营企业因此一度处于停工停产状态。可见，突发事件加速了企业运营风险的形成。

（四）收益分配风险

新常态下经济增长速度发生了变化，由过去 10%以上的增长率降为“7 时代”甚至“6 时代”，经济增速放缓必然影响收益分配。另外，产业结构升级优化和经济增长动力转化对收入分配及其制度改革也会产生新的影响，提出新的要求。新常态下经济增长发生了轨道转换：从要素驱动增长到创新驱动增长。从机制形成的角度来说，创新驱动往往需要收入分配加以激励，创新的内在动力源于收入分配的激励，进而加快创新驱动发展新动力的培育。对中小民营企业的企业主或投资者而言，企业的盈余收益是否分配、如何分配，是一个举足轻重的“技术活”，不仅要符合投资者收益最大化要求，更要确保企业持续经营和未来发展的资金需求。经济新常态要求企业绿色发展、可持续发展，如果企业管理层在制订企业收益分配方案中未充分考虑企业资金状况，不能最大限度地权衡企业可持续发展资金需求和股东利润分配意愿、利润分配和税负等各种关系，企业的财务风险将因此增加。

三、新常态下邵阳民营经济发展面临的技术创新困境

技术创新政策是政府对企业技术创新活动的一种规范和调节，目的是促进企业的技术创新，提高市场竞争力。近年来，民营经济技术创新的发展环境不断改善。2006 年 2 月 9 日，中共中央、国务院同时发布决定，公布施行了我国改革开放以来首个国家科技规划——《国家中长期科学和技术发展规划纲要（2006—2020 年）》。该规划纲要强调，企业成为自主创新的主体。在国家及

相关部门相继出台鼓励企业技术创新的政策背景下，民营经济发扬企业家创新精神，充分利用产权清晰、机制灵活、经营成本低等优势，加大技术创新投入力度，技术创新能力不断提高，技术创新成果显著。然而，邵阳作为一个欠发达地区，民营经济技术创新能力依然较低。调查发现，民营企业对政府支持民营企业科技创新力度和人才政策方面的认可度相当低，分别仅为20%和19.1%。

第四节　新常态下邵阳民营经济高质量发展路径

一、落实平等发展政策，营造公正的市场环境

平等竞争环境从发展过程看有起点平等、发展结果平等与发展机会平等三大切入点，当前需要着重解决的是发展机会的不平等问题，即通过竞争来解决效率评价问题。国家可以通过法律法规的形式从金融、税收、技术创新、品牌创立、人才培养、市场准入等方面出台扶持民营经济发展的相关政策、措施，从而为民营经济发展创造一个稳定、良好的法律环境，营造政治平等、政策公平、规范有序的发展环境。不同行业的民营企业差异较大，政府确定的一定阶段的行业政策和一定时期的宏观经济环境不会对所有企业都产生正向或负向的影响。因此，政府要加强宏观调控，加大对政策敏感性较强的行业的扶持力度，充分利用区域发展战略下的各项优惠政策和扶持政策，在扶持具有区域特色的企业发展的同时，也要积极促进各行业平稳较快发展，全面实现民营企业健康发展①。

二、健全现代企业管理制度，强化企业内部管理

一是完善企业股权结构和治理结构。经过对中小民营企业财务风险管理中存在的问题进行深入分析，我们可以发现，很多财务风险的根源在于企业决策上的“垄断”格局。相对于治理结构均衡的企业来说，中小民营企业的“一言堂”“拍脑袋”决策更容易导致企业决策失败和风险增大。因此，经济发展新常态不仅要求经济增长结构合理，同样对企业治理结构提出了“均衡”要求。建立健全有效的企业治理结构可以在很大程度上规避财务风险。

---

① 郭建华，王周火. 中小民营企业绩效评价及提升路径研究——基于湖南30家中小民营企业的调查［J］. 邵阳学院学报，2018（1）：21-27.

二是健全企业财务风险管理制度。当前，国内外经济发展形势复杂，企业面临的风险增加。对中小民营企业管理层而言，加强财务风险意识的培养，提升财务风险管理的能力，是企业持续发展甚至是确保企业得以生存的前提。为此，企业不仅要加强财务风险宣传教育，更要把财务风险危机贯彻到日常经营管理中去，形成动态的财务风险预防和控制机制。

三是健全人力资源制度，加强复合型财务人才培养。新常态下的企业财务工作者或财务管理人员不仅要具备专业财务技能，更要懂得企业财务法规甚至国际法律知识，既要懂得“理财”，更要懂得“管财”，无论是“理财”还是“管财”，风险规避总是位于第一位。对中小民营企业来说，培养、挖掘与储备技术能力精湛、风险意识浓厚、德才兼备的复合型财务人才队伍本身就是一笔不可或缺的财富，也是降低企业财务风险的重要手段。

四是加强企业内部审计。民营企业应该从董事会层面设置内审部门，招聘内审人员。内审部门独立于管理层，不受经理层领导，内审部门不但负责审查企业内部控制的设计，监督内部控制的有效实施，还可以负责审计企业账务。这样，通过内部审计工作，可以降低民营企业因内控失效、商业贿赂、舞弊行为和账务不清而带来的财务风险。

五是提升企业应对突发事件风险的能力。企业往往对可预期风险的应对能力尚可，但对于复杂多变的外部市场环境以及不可预期的突发事件带来的风险的应对能力相对薄弱。2020 年年初突发的新型冠状病毒肺炎疫情给中小民营带来了重大影响，虽然现在疫情有所缓解，但反思当下民营企业的“危”与“机”，对企业更加理性地应对未来突发性随机风险、提升不可测风险的管理能力非常重要。

三、推进科技自主创新，提高综合竞争实力

首先，邵阳可以借助湖南“长株潭一体化”和“3+5 城市群战略”制定并实施民营企业集群发展战略，发挥群集效应。江浙和广东等省份的中小民营企业发展较好、综合绩效较高，原因之一就是其民营企业数量、民营企业规模都优于其他省份的民营企业，而影响这些指标的因素之一是产业集群。其次，邵阳要加速企业的技术创新和管理制度创新，改善企业治理。技术的进步可以有效地利用原材料以及加速企业的结构调整，扁平化的企业经营管理模式可以优化企业的内部结构。这样，可以精简企业臃肿的机构，节约成本，提高经营效率和效益。治理不完善是导致企业陷入财务困境的根本原因。要提升综合绩效，企业就必须不断优化和改进企业治理结构。因此，中小民营企业要密切结

合内外部环境因素，持续改进和完善企业的治理模式。最后，邵阳要提升民营企业的资源整合能力，建立有效的多功能资源整合平台。促进中小民营企业发展的重点是提高区域性中小民营企业的资源整合能力，通过构建区域多功能的资源整合信息网络平台、促进区域中小民营企业集群化发展、提升中小民营企业关系资源的整合能力、探索改变中小民营企业用工模式来实现。此外，有实证研究结果表明①，影响中小民营企业综合绩效和竞争力的主要因素源于企业财务、营运方面。只有加强企业资本管理，提高其营运能力，才能进一步提高企业的盈利效率，使企业能够持续经营和稳定发展。中小民营企业综合绩效评价指标的熵权计算结果很好地说明，提高资本营运能力是提高中小民营企业综合绩效的重要手段和有力措施。因此，对中小民营企业而言，必须广泛学习和吸收大中型企业的先进管理模式与理念，改进资本营运，提高营运效率，最终提升运营绩效。

---

① 郭建华，王周火．中小民营企业绩效评价及提升路径研究——基于湖南30家中小民营企业的调查［J］．邵阳学院学报，2018（1）：21-27.

第七章　邵阳民营经济转型升级研究

尽管邵阳在经济发展过程中存在这样或那样的问题，但在全省、全国的发展过程中还是有诸多对邵阳经济转型发展、实现产业升级有利的机遇。例如，中部崛起战略、“一带一路”倡议、工业4.0、全面小康、国内外新一轮的经济结构调整等机遇。在充分认识和把握邵阳现存的问题和面临的机遇的基础上，我们对邵阳实施经济转型和产业升级提供了相关理论分析，并对邵阳经济转型发展和产业升级中存在的主要问题进行了深入分析，同时从优化产业结构、新型城镇化建设、政策支持、保障措施等方面提出具体的对策建议，促进邵阳经济转型发展和产业升级。

第一节　邵阳民营经济转型升级的必要性

一、粗放的经济增长方式决定邵阳必须进行经济转型和产业升级

粗放型经济增长是我国当前大多数地区仍然面临的问题，作为地处湘西南地区的邵阳来说，其同样也存在粗放型增长的问题。粗放型增长的表现是大部分产业的生产过程中科技研发投入不够，生产方式粗放，产品的“高精深”加工程度不够，产业链较短，产品往往以单一的原材料、初级加工品形式输送到外地，导致经济效益低下。邵阳工业中食品、小五金、建材、纺织、造纸这五大产业占规模以上工业总产值的80%以上，而这些产业多数是国家不鼓励或限制的产业，国家鼓励发展的战略性新兴产业较少。从表7-1可以看出①，2014年，邵阳战略性新兴产业营业收入增长7.9%，低于全省平均数。战略性

① 为确保数据的可靠性，这里以2014年湖南战略性新兴产业发展报告数据为准。

新兴产业增加值增长 11.5%，也低于全省平均数，这说明邵阳的工业企业还是以传统产业为主。

表 7-1　2014 年湖南各市（州）战略性新兴产业主要经济指标增长情况

市（州）	营业收入同比增长（%）	利润总额同比增长（%）	增加值同比增长（%）
湖南合计	11.1	-10.9	13.7
长沙	11.5	-21	13.5
株洲	14.9	21.4	16.1
湘潭	8.8	-15.6	12.7
衡阳	9.2	-17.9	10
邵阳	7.9	0.6	11.5
岳阳	10.6	-12.6	14.9
常德	-2.7	-24.4	7.9
张家界	-4.1	0.2	6.5
益阳	9.9	-3	12.2
郴州	17.9	13.2	18.2
永州	16.2	-7.2	13.8
怀化	8	-19.3	11.4
娄底	11.2	-11.3	15.1
湘西	3	10	5.1

从表 7-2 可以看出，近年来，邵阳的科技三项经费投入在不断增加，科技三项经费投入占地区生产总值的比重、占财政支出的比重都有所上升，但大大低于湖南平均水平，比全国平均水平更低。这突出反映邵阳企业研发经费支出少，高新设备投入不够，企业自主创新能力不足，企业的竞争力不强，企业还是依靠传统的生产方式而运作。

表 7-2　2011—2015 年邵阳科技三项经费情况表

年份	科技三项经费投入（万元）	科技三项经费投入占地区生产总值的比重（%）	科技三项经费投入占财政支出的比重（%）
2011	6 428	0.71	3.35

表7-2(续)

年份	科技三项经费投入（万元）	科技三项经费投入占地区生产总值的比重（%）	科技三项经费投入占财政支出的比重（%）
2012	6 154	0. 60	2. 50
2013	9 217	0. 82	3. 12
2014	11 864	0. 94	3. 46
2015	18 170	1. 31	4. 29

数据来源：2011—2015 年邵阳国民经济和社会发展统计公报。

二、不合理的产业结构决定邵阳必须进行经济转型和产业升级

近年来，邵阳经济社会持续快速稳定发展，综合实力不断增强，但是从全省经济水平来看，邵阳还处于落后地位。湖南统计资料显示，邵阳人均地区生产总值是全省各市（州）中最低的。邵阳近年来的增长还是低水平的增长，突出表现为与邵阳快速增长的地区生产总值和财政收入相比，邵阳的产业结构还不够合理，仍然存在主导产业层次低、三次产业不协调等问题。

表 7-3 说明，在 2013 年以前，邵阳三次产业结构是典型的“二三一”结构，工业是主导产业，服务业发展很快。从 2014 年开始，第三产业取代第二产业成为第一大产业，但第三产业所占比例还较低。另外，第一产业的比重较高，超过 20%，不仅高于湖南的平均水平，而且也高于全国的平均水平，说明农业在邵阳还占有重要地位，这与当今世界主要发达国家都形成的以服务业为主导的“三二一”经济结构相差甚远。

表 7-3　2011—2015 年邵阳市三次产业比重表　　单位:%

年份	第一产业	第二产业	第三产业
2011	24. 0	40. 0	36. 0
2012	24. 4	38. 7	36. 9
2013	22. 5	38. 9	38. 6
2014	21. 8	38. 2	40. 0
2015	21. 6	36. 6	41. 8

数据来源：2011—2015 年邵阳市国民经济和社会发展统计公报。

三、城乡发展不平衡要求邵阳进行经济转型和产业升级

邵阳城乡发展与全国的城乡发展趋势基本相同，且城乡经济社会发展水平差距较大，农村发展慢、农业增效难、农民增收慢等问题还未能得到有效解决。此外，农村剩余劳动力素质较低、就业能力较弱以及城乡差距、工农差距、贫富差距扩大的趋势尚未完全扭转。

从表 7-4 可以看出，2011 年以来，邵阳城镇居民和农村居民的收入都呈逐年上升趋势。城镇居民人均可支配收入由 2011 年的 13 578 元增长到 2015 的 21 070 元，增长了 55. 2%。农村居民人均纯收入由 2011 年的 4 373 元增长到 2015 年的 8 716 元，增长了 99. 3%。城镇居民人均可支配收入与农村居民人均纯收入之比从 2011 年的 3. 1 逐渐下降到 2015 年的 2. 42。这说明，5 年来，邵阳城镇居民和农村居民的人均收入都在快速增长且相对差距在不断缩小。但是，从表 7-4 中也可以看出，城镇居民人均可支配收入与农村居民人均纯收入的差额却在逐年增加，从 2011 年的 9 205 元增加到 2015 年的 12 354 元，增长了 34. 2%。邵阳统计局数据表明，邵阳的基尼系数由 2010 年的 0. 37 扩大到 2014 年的 0. 39，接近了 0. 4 的警戒线。因此，虽然城镇居民人均可支配收入与农村居民人均纯收入间相对差距有所缩小，但是绝对差距却在不断扩大。

表 7-4　2011—2015 年邵阳城镇居民和农村居民人均收入情况表

年份	城镇居民人均可支配收入（元）	农村居民人均纯收入（元）	两者差额（元）	两者之比
2011	13 578	4 373	9 205	3. 10
2012	15 458	5 136	10 322	3. 01
2013	17 647	6 933	10 714	2. 55
2014	19 341	7 786	11 555	2. 48
2015	21 070	8 716	12 354	2. 42

数据来源：2011—2015 年邵阳国民经济和社会发展统计公报。

总之，从上面的分析可以得知，邵阳城乡居民收入差距较大的事实没有改变，由于一系列因素直接导致农民收入增长缓慢甚至困难。邵阳城乡发展不平衡、不协调要求邵阳进行经济转型和产业升级。

四、要素价格的上升和比较优势的变化迫使邵阳经济转型升级

影响邵阳产业成本的最主要因素是劳动力、能源及原材料、土地、环境和

物流等。近年来，中国劳动力工资的增长速度较快，已超过经济增长的速度，邵阳的劳动力成本受大环境影响也在不断上升。由于工资具有刚性，工资达到一定水平后，绝对工资水平下降非常困难。劳动力成本上升必然导致产业的竞争力下降，尤其是缺乏技术含量的劳动密集型制造业。

从能源及原材料的角度看，能源及原材料价格变动对邵阳相关产业的成本影响非常大。近年来，能源及原材料的价格变动幅度较大，使邵阳利润微薄的制造业企业几乎无法生存，以低成本作为竞争力的经济发展模式亟须转变。

从环境污染角度看，据估测，2014 年环境污染造成的损失是国内生产总值的 2.4%左右，而以前的最高值为 3.5%，中国传统经济发展模式走的是“先污染后治理”的道路，但这种模式在新常态下难以持续。近年来，邵阳的环境污染也较为严重，邵阳经济发展不能走“先污染后治理”的老路，必须走转型发展和产业升级的新路。

从物流成本角度看，邵阳物流成本相当高。作为影响产业发展的重要因素，物流成本已经成为阻碍中国产业发展的“梗阻”，不仅推高了产品的价格、降低了产品的竞争力，而且严重挤压了企业在研发、销售等方面的投入，影响了产业链上下游的联动发展。据估测，邵阳的物流成本与地区生产总值的比值是 20%左右，比全国平均水平高出 2%。

过去十几年邵阳的产业竞争力主要源于成本优势，随着大部分要素成本上升，尤其是劳动力成本不可逆转的上升，邵阳产业竞争力有下降的趋势。如果要维持强劲的经济增长动力，邵阳就必须进行经济转型和产业升级。

第二节　邵阳民营经济转型升级的优劣势分析

一、邵阳民营经济转型升级的现实优势

（一）经济环境良好

近年来，邵阳经济社会发展取得了巨大成就，具备了较好的发展基础，积蓄了较强的发展能量。加上当前正面临中部崛起、“一带一路”倡议、工业 4.0、全面小康等战略机遇，邵阳推进经济转型和产业升级更具备了现实可能。

1. 经济基础不断夯实，增长潜力较大

2000—2015 年，邵阳地区生产总值从 252 亿元增加到 1 387 亿元，增长了约 4.5 倍，年均增长 11.2%；财政总收入从 18.31 亿元增加到 131.05 亿元，增长了 6.2 倍多，年均增长 13.7%；人均生产总值从 3 456 元增加到 19 105

元，实现了由温饱型阶段向初级小康阶段的迈进。同时，目前邵阳工业化率为36.6%，城市化率为41.95%，邵阳正处于工业化和城市化初期向中期迈进的阶段，投资、消费内生性扩张能力较强，必将迎来新一轮更大的发展，经济增长的潜力和空间很大。

2. 产业基础好，发展步伐较快

邵阳曾经被国家划定为"三线"（战略后方）建设地区、湖南老工业基地，工业基础较好、工业门类较齐全，拥有在全国领先的三一湖汽、邵阳纺机、维克液压、广信电工、湘丰纸业、湘窖酒业、李文食品、南山乳业、湘中制药、中南制药、南方水泥、云峰（海螺）水泥、国电大唐电力、九兴鞋业、东亿电器、百瑞工具等优质企业，形成了以食品、装备制造、轻工、建材、纺织、医药、化工、电子、能源、有色冶炼为主的十大优势产业与比较完备的产业发展体系，并建有以宝庆工业集中区为龙头的12个产业园区，构建了横向协作紧、纵向产业链长的产业布局，为邵阳工业的发展奠定了坚实的基础。

（二）区位交通优势

邵阳地处湖南西南部，北与娄底毗邻，南与永州、广西桂林交界，西与怀化相连，东与衡阳接壤。邵阳境内已有洛湛、怀邵衡2条铁路和沪昆高速铁路1条。2016年年初，邵阳市区开通了高铁，能直达全国各地，有利于物流、人流的集散。邵阳境内有二广、沪昆等高速公路纵横交错，区域合作便捷。邵阳境内县县通高速、村村通公路，实现了各县（市）半小时上高速和以市区为中心的"两小时交通圈"。随着武冈市机场的竣工和邵东市军民两用机场的运用，邵阳将形成"一东一西"的民用机场格局，邵阳将成为一体化的全国区域性综合交通次枢纽城市。

（三）劳动力资源丰富

邵阳是湖南人口大市，2018年常住人口达780万人，其中16~60岁人口约为496万人，约占常住人口的63.6%，劳动力资源丰富。邵阳拥有3所高等本专科学校和58所中等职业技术学校，为培养大量技术人才提供了支持。

二、邵阳民营经济转型升级的劣势

（一）基于生态环境问题的制约

生态环境问题是指由由于生态平衡遭到破坏，导致生态系统的结构和功能严重失调，从而威胁到人类的生存和发展的现象。生态环境问题一般可以分为两类：一类是不合理地开发和利用自然资源造成的生态环境破坏。由于盲目开垦荒地、滥伐森林、过度放牧、掠夺性捕捞、乱采滥挖、不适当地兴修水利工程或不合理灌溉等引起水土流失，草场退化，土壤沙化、盐碱化、沼泽化，湿地遭到破坏，森林、湖泊面积急剧减少，矿藏资源遭到破坏，野生动植物和水生生物资源日益枯竭，生态多样性减少，旱涝灾害频繁。另一类是城市化和工农业高度发展而引起的“三废”(废水、废气、废渣）污染、噪声污染、农药污染等环境污染。生态环境问题表现比较突出的有水土流失、土地荒漠化、森林和草地资源减少、生物多样性减少等。

邵阳是一个典型的丘陵山区市，雪峰山脉峰峦起伏、沟谷纵横、资源丰富、降水丰沛、植被茂密。随着经济的发展、城镇化进程的加快以及乱砍滥伐、乱采滥挖等因素的影响，从20世纪80年代起，邵阳的水土流失现象日益严重。据2014年卫星遥感普查，邵阳水土流失面积超过2 000平方千米。水土流失量一旦加重，容易引起局部的生态失衡，造成耕地质量下降，农作物减产，从而引发严重的洪旱灾害和地质灾害，严重制约了地方经济社会的发展。同时，邵阳由于资源开发不当或忽视环境保护，已经产生了一些严重的生态破坏与环境污染问题，重化工业产生的二氧化碳、二氧化硫、废水、废渣等污染物已经对环境造成了严重影响。矿山过度开发造成植被破坏、水土流失、地表塌陷等，而这方面的治理投入又严重不足。“三高一低”（“高投入、高消耗、高污染、低效率”）的资源投入和环境利用方式，使邵阳经济增长越来越接近资源环境条件的约束边界，从而加剧了经济发展同资源、环境之间的矛盾。

（二）经济发展水平落后的制约

长期以来，邵阳经济发展落后于湖南平均水平，尤其是与珠江三角洲地区相比有很大差距，如果按照目前的经济模式发展下去，这种差距将越来越大。邵阳要想尽可能缩短与发达地区的差距，最佳的途径是实施经济转型和产业升级战略。邵阳的产业规模小、产业链短，导致产业的总体发展水平难以提高，主要部门的产业技术基本处于全国的中下等水平。技术装备趋于老化、新技术应用程度不高、技术进步速度较为缓慢，导致经济发展不快。产品结构不合理、产业结构调整效益比较低，导致经济效益较低。这也是经济亟须转型和产业亟须升级的重要因素。从发展水平上来看，邵阳的发展水平与广大中西部山区基本相当。邵阳地处湘西南，属于武陵山区，受发展基础、自然条件和交通区位的限制，经济发展水平相对滞后，与湖南及全国平均发展水平差距较大。统计资料显示，2018年，邵阳人均地区生产总值为24 178元，远低于湖南省人均地区生产总值（52 949元），更低于全国人均国内生产总值（64 643元），邵阳人均地区生产总值占湖南省人均地区生产总值和全国人均国内生产总值的比重分别只有45.66%和37.4%。

（三）融资难度增大、投资力度减弱的制约

一是企业自身普遍存在发展时间短、自有资本低、资产负债率较高、信用水平低、财务制度不健全、盈利能力弱、竞争优势不明显等问题。二是银行机制原因。大部分银行放贷审批权上交，上级对下级的考核指标放贷额度有限度规定；信贷人员的风险意识较强，担心追责，有“宁缺毋滥”的思想，对企业贷款抵押物受理面太窄，有效资产不能完全释放。三是融资渠道单一。企业除了向银行贷款之外，如风险投资、企业债券、股权交易等直接投融资方式的成功案例很少，导致融资渠道源头过窄。四是担保体系不够健全，没有建立风险补偿和担保补助金，自有资本金不多，承保势力不足，担保市场复杂，关联度不高，不能发挥联保作用。2015 年，邵阳工业固定资产投资完成 700 亿元，仅占全省工业投资额的 5%。工业企业中大部分设备陈旧，生产水平低下，企业有很多属于淘汰的工艺技术和设备而且苦于无资金改造，仍在“老牛拉破车”，浪费能源、原材料，致使企业效益无法提高。

（四）缺乏大型龙头企业的引领

邵阳产业发展水平在当今经济全球化高速发展和一体化的环境中，整体实力相对薄弱，缺乏大型龙头企业带动。一是缺少大规模的企业集团和优势企业。统计数据显示，2018 年，邵阳产值超过 10 亿元的企业只有 20 家，产值超过 50 亿元的企业仅有 1 家，省“四千工程”（千亿企业、千亿集群、千亿园区、千亿产业）榜上无名。二是产业链条不长，大部分企业产品的原料配件和市场“两头”在外，处处受制于人。三是企业核心竞争能力不强。2018 年，邵阳的规模工业企业只有 1 336 家，其中高新技术企业仅有 119 家，大部分企业产品科技含量低、附加值低。而长沙的规模工业企业达 2 872 家，高新技术企业有1 200余家；株洲的规模工业企业达 1 720 家，高新技术企业有 735 家。相对而言，邵阳大型龙头企业不足，竞争力不强。

第三节　邵阳民营经济转型升级的政策建议

促进邵阳民营经济转型升级，总体而言，一是要汲取国内外民营经济产业结构调整的成功经验，结合当地实际，充分发挥各方面的优势，如加强民营企业服务机构的建设，为民营经济主体提供创业辅导、政策解读、管理培训、行业信息和信贷担保等服务，同时落实相关政策措施，促进民营经济产业结构优化升级。二是要抓住新时代民营经济发展的新契机，引领民营企业进军战略性新兴产业、高新技术产业和现代服务业，增强市场竞争力，优化产业业态、加快经济发展方式的转变。三是要明确新时代民营经济的发展重点，出台有针对性的优惠政策，帮助民营企业尤其是中小民营企业化解“融资难”和“招工难”的问题，为企业营造良好的发展环境。四是要加快促进民营经济转型升级，做大做强民营企业。例如，为小微企业提供有效的运营平台，帮助其克服要素瓶颈制约；制定出台向民营企业倾斜的技术支持、科技投资等方面的政策措施，鼓励民营企业走“专精特新”的发展道路；优化人力资源结构，建立科技专家人才库，由企业按项目提出专家咨询或指导申请，强化校企合作，协助小微企业引进技能人才，多层次、多渠道满足小微企业人力资源需求；加强监管，加大落后产能的淘汰力度，帮助企业有效实施转型升级。具体而言，邵阳可以从以下几方面入手：

一、加强区域规划与产业空间布局相结合

（一）加强城市发展区域规划

邵阳要借鉴省内外城市群建设的经验，根据邵阳的发展实际，提出加快东部城市群建设和西部生态圈建设，即一是以邵阳市区、邵东市、新邵县为中心，加快把邵阳建设成湘西南的中心城市、湖南的副中心城市。东部城市圈建设的战略决策既体现了都市经济圈发展的一般规律，又反映了邵阳城市化建设的特殊性。二是把邵阳西部几个县（市）建设成美丽的生态圈。

（二）优化产业空间布局

2016年，邵阳将产业空间布局进行整体优化，提出了“一核一带多点”的战略设想，“一核”就是在双清区、大祥区、北塔区和邵东市、新邵县，以宝庆工业集中区为核心，加快发展高新技术、先进制造等优势产业，打造邵阳东部城市群核心引领区。“一带”就是在东起邵东市廉桥镇和水东江镇，西至洞口县江口镇，北到新邵县坪上镇、隆回县金石桥镇和虎形山瑶族乡，南至武冈市司马冲镇的范围内，以沪昆高速公路为纽带，以共同的资源禀赋为支撑，形成传统产业和战略性新兴工业走廊。“多点”就是已被湖南省人民政府批准成立的经济开发区、工业集中区和重点乡镇，依托经济开发区、高新技术开发区和一些特色工业园区，形成多个基础扎实、实力雄厚、特色明显的工业经济新增长点。

二、大力发展现代服务业，优化调整产业结构

现代服务业的本质就是服务业的现代化，大力发展现代服务业是指利用新

的高科技技术、服务业方式和商业模式对传统服务业进行现代化的提升和改造，与此同时大力发展一些新兴的服务产业。近年来，现代服务业在邵阳经济中的地位不断攀升，发展现代服务业，对邵阳推进经济转型和产业升级具有重要的战略意义。

(一) 大力发展知识密集型服务业

邵阳要加大招商力度，吸引国内外知识密集型服务业的投资，积极创造条件，努力改善“硬件”和“软件”环境，重点抓好知识密集型服务业重大项目的引进和建设工作。

邵阳要加强知识密集型服务业与其他产业的联系。邵阳大多数知识密集型服务业都是为生产服务的，它不是一个独立的产业群，其发展必然与其他产业密不可分。因此，一方面，由于邵阳目前的装备制造业具备一定的优势，因此现代服务业可以为其提供委托加工制造、物流管理和第三方质量检验等生产性服务业；另一方面，邵阳可以与大型国企、企业集团形成战略联盟，承接像金融服务业、计算机应用服务业、信息服务业等知识密集型服务业，向研究开发、产品设计、软件开发等价值链上游和附加值高的产业链攀升。

(二) 提高服务业技术水平

当今世界新技术革命突飞猛进，提高服务业技术水平是我国发展现代服务业的现实选择。高新技术的迅速发展给现代服务业带来了全新的变革，为进一步提升现代服务业创造了有利条件。提高服务业技术水平不仅可以为现代服务业的发展提供新的市场需求和创造新的供给能力，而且可以提升现代服务业的质量、规模和效益。

1. 鼓励传统服务技术自主创新，增强其核心竞争力

一方面，服务业企业应增加科技投入，建立自有的研发机构，争取在其主营领域形成具有自主知识产权的核心专利和技术标准；另一方面，服务业企业应转变传统的产业观念，增强科技意识。服务业企业应普及和应用先进技术，加快电子化、自动化的进程，以信息化为基础发展现代服务业。

2. 大力发展科技服务业

首先，科技部门一方面应加快科技创新，提高技术服务业的技术含量；另一方面应进行“自我营销”，采取多种措施来引导其服务业对象采纳各种新技术服务，从而提高其自身的市场竞争能力。其次，政府部门应将科技服务业提升到重点产业地位，从而加快其发展。政府部门应鼓励采取兼并、重组等方式发展壮大科技服务业，构建符合科技服务业发展的人才、技术、金融等市场环境。最后，政府部门应优化科技服务业发展的外部环境。科技服务业的发展程

度直接关系到科技成果转化为生产成果的效率，因此政府部门必须出台合理的支持科技服务业发展的相关政策与配套措施，从而为科技服务业创造良好的发展环境。

（三）建立适应现代服务业发展的人才培养模式

技术人才的数量和质量在一定程度上决定了现代服务业的发展水平，因此加快人才机制的管理创新，构建强大的现代服务业人力资源储备体系，是发展现代服务业的根本保证。

1. 高校加快专业化人才培养

邵阳的高校、科研院所应积极参与国家和湖南科技创新计划。例如，高校在学科专业设置中，应充分考虑经济社会发展对未来人才需求的特点和要求，使高校教育与产业结构调整、服务业的发展趋势相适应。

2. 吸引国外高技术人才的注入

邵阳通过完善投资环境、生活环境等，不仅可以吸引我国国内高技术人才积极参与，而且可以激励海外人才归国，还可以吸引国外高技术人才或企业的注入，为邵阳现代服务业的发展提供强大的人才储备，从而促进邵阳现代服务业整体实力的提升。

3. 组织现代服务业从业人员进行定期技术培训

随着国家相继出台大力扶持服务业的政策，邵阳现代服务业必将迎来飞速发展，那么对各种高科技的需求也将随之扩大。因此，企业应加大对人力资本的投资力度，扩大对现代服务业从业人员在职培训的范围和规模，定期组织现代服务业的相关从业人员参加技术培训。与此同时，邵阳可以完善相关从业人员的资格考试制度，从而使现代服务业在职人员的培训体系实现专业化和制度化。

（四）实现三次产业的优化协调发展

第三产业的快速发展离不开区域工业化、市场化和城市化发展水平，即农业和工业本身高水平发展的支撑。邵阳鉴于第一产业滞留大量富余劳动力的现实情况，因此要在产业结构调整中注重利用先进技术和装备来改造传统农业，通过提高科技对农业发展的贡献率，加快农业劳动力转移。第二产业作为邵阳的主导产业，要在改造提升食品加工、装备制造和精工业等传统优势产业的基础上，利用电子信息、高新材料技术、环保技术和新能源等积极发展战略新兴产业和高新技术产业，通过培育新的经济增长点来提高整个工业的发展质量和效益，促进第二产业的升级转换。

邵阳要把大力发展第三产业作为未来经济转型升级的主要方向。由于邵阳不同县（市）经济发展水平和产业发展基础等存在差异，因此第三产业的发展要因地制宜、各有侧重。邵阳东部地区要突破性地发展现代服务业，提升服务业整体附加值，增强第三产业的竞争力，提高经济发展的贡献率。经济发展相对落后的邵阳西部地区应着眼于以资源、劳动密集型产业为主的传统服务业，积极促进向精深加工延伸的生产性服务业和现代农业服务业的发展，提高第三产业比重和水平。

三、做强优势主导产业，积极承接产业转移

依托主导产业在产业链中的带动和辐射作用，可以促进区域产业结构优化调整和经济转型升级。第二产业是邵阳当前的主导产业，而其中大部分是传统产业，虽然具备了一定竞争力，但受资源和环境的双重约束，未来发展潜力较小，应通过引入新技术和现代生产方式，推动装备制造、能源及原材料等向新兴高端领域延伸融合，不断促进传统支柱产业的创新发展与转换升级。同时，从长远来看，培育和发展新兴主导产业是实现邵阳经济转型和产业升级的根本途径。另外，邵阳应以加强区域合作助推各县（市）自身优势主导产业的发展，通过设立区域产业协作与发展基金，对利益受损或较少获利的县（市）给予补贴以及为合作项目提供融资、基础设施等配套服务，从而形成紧密相连的产业链分工协作关系，合力打造全市的主导产业。

邵阳还应围绕优势主导产业积极承接产业转移。产业转移从某种意义上来说就是产业结构调整。对欠发达的邵阳来说，承接产业转移是较快促进产业结构优化和经济转型升级的有效策略。邵阳应利用自身的优势积极承接珠三角地区的产业转移，各县（市）应立足自身的产业特点，进行差异化承接产业转移，以此获得充足的发展资金，较为先进的技术、经营理念与管理方法，构建有条理、有层次的产业发展模式，促进产业结构的快速优化并提高竞争力。邵阳应结合当前国家大力推进的“一带一路”倡议和长江经济带战略，在新常态下创新区域合作机制，重点承接高技术、高效益的优质产业，引进和培育一批大型国企、功能性机构和研发中心，严防高能耗、重污染、低经济效益的产业转移进入，通过提升承接产业转移的层次促进经济转型和产业升级。

四、加强新型城镇化建设，强化基础作用

（一）以统筹城乡为起点，促进城镇化水平提高

邵阳在经济转型与产业升级的过程中要注重城乡统筹，形成城乡一体的发展新格局，在统筹过程中引导劳动力的合理转移。在“以城带乡”的过程中，

邵阳要着重做好以下几方面工作：第一，统筹城乡产业协调发展。邵阳应以高效利用资源要素和提升农业发展的科技含量为目标，不断推进农业现代化和新型工业化的发展，实现城乡融合。第二，统筹城乡建设的同步推进。这既要求政府在制定城乡基础设施建设规划时广泛听取群众意见，与城乡土地资源的规划整治相结合，又要求党中央在大力提倡新农村建设的过程中，合理规划空间布局和产业重构，根据城区、近郊、远郊、偏远地区实际情况，因地制宜推进基础设施建设，保证水、电、气等管道网络在农村扎根建设，确保农民生活水平提升。第三，统筹城乡二元结构下的劳动力就业。农业转移人口的就业问题是城镇化进程中的一大突出问题。促进农业转移人口就业，建立城乡统一的就业信息服务平台，必须畅通就业渠道，完善农村转移人口的福利保障机制，破除用工企业的隐性歧视。同时，邵阳还应注重农村劳动力素质的提高，整合教育培训资源，狠抓农村职业教育，注重就业技能的培养。

（二）提升城镇综合承载能力，促进经济可持续发展

健全的基础设施建设是提升城市承载力，推进经济转型和产业升级的重要前提。第一，逐步完善城镇功能配套设施，以集约式发展、可持续发展为基础，在提升区域综合竞争力的同时，将发展城镇化和保护生态环境有机结合，实现城镇质量的有序提升。邵阳应打造城镇集水电、通信、交通、供暖等为一体的市政公共服务网络，真正提高城市生活品位。第二，做好邵阳争创全国文明卫生城市的准备工作，注重城市生态园林的建设，实现低碳环保、绿色发展的建设理念，在打造宜居城市的过程中不忘精神文明建设，将人文历史和自然资源融合在城镇化发展的道路上。邵阳应因地制宜，打造旅游休闲、文化精品小城镇和创意小镇，着力建设一批有独特魅力的标志性小城镇。邵阳应重视城乡水利工程和防洪防汛工作的落实，保护生态湿地。第三，创新城市管理。邵阳应破除城镇管理的传统观念，摒弃“重建设轻管理”的错误理念，加快政府的智能引入工作，在城市建设管理的过程中将传统方法与高科技手段相结合，开辟出一条资源节约、环境友好的信息化城镇管理之路，为邵阳经济转型和产业升级发展打下坚实的基础。

五、加快推进农业现代化

加快推进农业现代化和农村土地流转，建设高效农业、休闲观光农业，优化农产品加工业结构，建立健全农村服务体系，不断推进农村经济转型和产业升级。

（一）加快推进农村土地流转

在农村经济转型和产业升级发展中，要实现农业现代化，必须要加快推进

农村土地流转。农地征收必须要保障农民的土地权利，坚持依法、自愿、有偿、以人为本的原则，以失地农民的根本利益为出发点，推进农村土地有序流转。邵阳应立足各县（市）的社会生产力水平，积极探索农地流转的有效途径和方法，推进农地制度改革。

（二）建设优质农产品基地

邵阳应重点抓好粮、油、茶、蔬、果、中药材、生猪、家禽等优势产业区域布局，建成一批生产规模大、市场相对稳定、标准化程度高的优势农产品基地，继续做大做强具有邵阳特色的品牌。邵阳应大力推进农业标准化生产和规模化、集约化经营，加快推进现代农业示范园区建设，建成一批绿色农业、有机农业、生态休闲观光农业、高效农业基地。

（三）大力发展农产品加工业

邵阳应加快推进县域农业现代化，大力发展农产品加工业，提升县域农业产业化经营水平。农产品加工业是促进农民增收、实现农业产业化的关键，能推动第一产业向第二产业转化，能够有效推进农村城镇化。邵阳各县（市）应该落实税收、人才、用地、金融等扶持政策，促进农产品加工龙头企业发展壮大。有条件的县（市）应该加大力度建设农业工业园，鼓励园区企业发展农产品精深加工。另外，政府应该调整经济职能，为农产品加工企业营造良好的经营环境，为其提供优质服务，为农产品加工业提供保障。

（四）建立健全农村服务体系

邵阳应重点培育一批优秀的第三方农产品物流企业，鼓励多种农业主体参与农产品市场建设，推进构建现代农产品物流体系。另外，为了促进农村体系的健康发展，邵阳应不断完善农村金融服务体系，为农业生产提供信贷支持；完善农产品质量安全监管体系，确保农产品质量安全；完善农业机械化推广体系，提高农业生产效率；完善农业科技推广体系，提高农业科技含量。

六、加快政府职能转变，建立服务型政府

（一）完善经济转型发展、产业结构优化升级的机制体制

邵阳以完成“四个全面”战略部署为方针，以“后发赶超”为原则，以特色发展、富民强市为主题，以创新驱动、项目兴工为动力，以优化结构、提升层次为主线，以强化科技创新、加快技术改造、突出节能减排、推进“两化”融合为重点，以“互联网+”为契机，以湘商产业园为平台，优化产业布局，促进工业聚集发展；做大做强做优特色产业，培育发展战略性新兴产业，构建具有邵阳特色、富有竞争力的现代工业发展体系，建立经济转型发展和优

化产业布局的协调促进机制。邵阳应探索建立企业、项目在市内转移的利益协调和补偿机制，引导生产要素合理流动，增强产业集聚功能；建立分类引导的产业发展导向机制；促进国有经济战略调整，推动国有资本向公共领域和优势产业集中；改善非公有制经济发展的环境，营造有利于企业公平竞争的环境。

（二）创新科技和人才管理机制体制

邵阳应建设产学研相结合的自主创新体系，加快推进科研院所产权制度改革；加强科研院所、高校和企业现有各类重点实验室、工程中心和企业技术中心建设，全力争取新建2~3个国家级创新基地和研发中心，新建20个省级创新基地和研发中心；支持与引导科研院所、高校和企业围绕邵阳经济转型和产业升级中的关键技术、共性技术进行研究开发，建立优势产业领域的技术创新战略联盟。邵阳应完善区域创新体系。例如，全力支持宝工区申报国家级园区，构建宝工区“331”产业体系，以“转型做优”为导向，巩固发展先进装备制造业、农产品加工业和发制品业；以“做大做强”为导向，整合生物医药业、电子信息业和汽车商贸业；以“融合联动”为导向，培育发展现代物流业。同时，邵阳应积极探索产学研联合开发、利益分享的新机制，形成技术创新、产业培育和产业基地协调发展的“链式”发展模式。邵阳应扩大创业投资引导资金规模，鼓励发展各类创业投资基金。

（三）创新人才开发与配置的体制机制

经济转型发展和产业结构升级，科技是关键，人才是支柱。邵阳应整合市内外人才资源，健全高层次、高技能创新型人才选拔培养机制。邵阳应探索保障各类人才养老、医疗保险等异地享受新模式，破除影响人才流动的体制性障碍，加快建设统一规范的人力资源市场，尤其在养老保险、医疗保险等方面，要着力减少行政机关与事业单位、企业单位的差距，取消保障制度的行业性歧视，体现多劳多得的原则，使得优秀人才在各行各业得到应有的尊重和回报。邵阳应大力发展人力资源服务业，促进各类人才交流与合作，广泛吸引海内外人才到邵阳就业和提供智力服务。邵阳应探索建立新型人才评价方法和人力资源开发利用制度，健全人才激励机制。

第四篇

调查研究

第八章　邵阳县域经济高质量发展调研报告

第一节　邵阳县域经济发展现状

"十三五"以来，邵阳市委、市政府高度重视县域经济发展，坚持以县域争先为统揽，以工业化、城镇化和农业现代化为抓手，打破行政区域，推进板块融合，不断激发适应引领经济发展新常态的积极性、主动性、创造性，大力推进供给侧结构性改革，努力增强县域经济持续健康发展的新动力，邵阳县域经济呈现出总量壮大、质效提升、贡献扩大、民生改善的良好态势。

一、科学发展、率先发展，综合实力迈上新台阶

邵阳的主要经济指标实现快速增长，县域经济综合实力明显增强，基本实现了"一年一小步、五年翻一番"的目标，县城经济已成为推动全市经济社会快速发展的重要动力。2018 年，邵阳实现地区生产总值 1 782. 65 亿元，比上年增长 7. 6%；财政总收入为 157. 73 亿元，比上年增长 2. 85%；工业实现增加值 516. 12 亿元，比上年增长 7. 4%，其中规模工业（年销售收入超过 2 000 万元）产值增长 10. 3%，规模工业增加值增长 7. 4%；固定资产投资比上年增长 10%；社会消费品零售总额为 987. 87 亿元，比上年增长 10. 3%；城镇居民人均可支配收入为 27 167 元，比上年增长 8. 5%；农村居民人均可支配收入为 11 857元，比上年增长 10. 2%。

二、优化结构，提质增效，经济运行质量明显提高

县域经济中三次产业结构已由 2015 年的 21. 6∶36. 6∶41. 8 调整为 2018 年

的 16.6∶35.2∶48.2。其中，第一产业完成增加值 295.82 亿元，增长 3.6%；第二产业完成增加值 626.83 亿元，增长 7.3%；第三产业完成增加值 860.01 亿元，增长 9.4%。“十三五”以来，邵阳逐渐形成了以邵阳经开区为核、沪昆高铁百里工业走廊为带、县（市、区）工业园区为点的“一核一带多点”局面，努力打造湘中和湘西南规模最大、覆盖人口最多的工业中心；依托现有区位条件和湘商产业园区政策优势，加快科技创新平台建设，努力打造产学研一体化的区域创新高地；依托传统装备制造优势，努力打造湖南先进装备制造基地；依托农业资源优势，努力打造湘中和湘西南规模最大的农副产品基地；依托历史悠久、文化底蕴深厚的优势，努力打造湘中和湘西南文化中心；依托丰富的旅游资源优势，努力打造以世界自然遗产崀山为龙头的全域旅游示范区；依托良好生态优势和中医药实力，努力打造湘中和湘西南健康产业基地的战略格局。

三、工业强（园）区、工业兴（园）区，新兴产业集群加快形成

邵阳以打造湖南新兴工业基地为目标，突出工业主导，强化龙头带动，积极推进园区工业集聚发展和改造转型。邵阳 1 053 家规模工业企业开工率为 92.2%，同比上升 2.5 个百分点。2018 年，产值超过亿元的企业有 566 家，其中产值超过 50 亿元的企业有 1 家，产值超过 20 亿元的企业有 7 家（较 2015 年增加了 4 家），产值超过 10 亿元的企业有 20 家（较 2015 年增加了 4 家），产值超过 5 亿元的企业有 73 家；高新技术产品实现增加值 400.69 亿元，增长 19.5%，占规模工业比重比上年提高 5.1 个百分点。“十三五”以来，邵阳境内沪昆高速沿线形成省级工业园区 7 个，截至 2018 年年底，入园企业达 1 976 家，实现技工贸总收入 1 933.32 亿元；湘商产业园在全省“135 工程”三年综合考核中名列第一，实现规模工业产值 1 726.27 亿元。

四、关注民生、提升福祉，人民群众生活水平持续改善

邵阳各县（市、区）财政对民生的投入持续加大，基本公共服务保障能力明显增强，覆盖城乡的社会保障体系基本建立，基本养老和基本医疗保险覆盖率达到 96%。邵阳的森林覆盖率达 60.49%，“三边三区三年”绿色行动深入推进，植树造林 39.3 万亩。邵阳成功创建国家卫生城市和省级园林城市，市区绿地率达到 31.32%，绿化覆盖率达到 60.49%，人均公园绿地面积为 11.69 平方米。2018 年，邵阳有 20.49 万人脱贫，完成省定任务的 108.43%；新增城镇就业 5.09 万人，完成省定任务的 101.86%；城市棚户区改造 4.18 万

套，完成省定任务的 116.35%；国有工矿棚户区改造 956 套，完成省定任务的 106%；救治救助贫困重性精神疾病患者 1 010 人，完成省定任务的 100%；建设社区矫正中心 6 个，完成省定任务的 100%；新增养老服务床位 1 549 张，完成省定任务的 100%；行政村配电网改造 100 个村，完成省定任务的 100%。新型农村合作医疗实际参加农民人数达 627.14 万人，参合率达到 98.5%。基层医疗卫生服务体系进一步健全完善，文化体育事业稳步发展。城镇新增就业人数、农村劳动力转移就业人数均超额完成年度任务指标。

第二节　邵阳县域经济与经济强县的差距

近年来，邵阳县域经济虽然取得快速发展，但是我们必须清醒地看到，目前邵阳县域经济发展水平与省内外经济强市相比仍然存在较大差距。

一、经济发展水平偏低，整体竞争力较弱

2017 年 8 月 29 日，由湖南大学、长沙银行联合课题组编著的《湖南县域基本经济竞争力研究报告》显示，2016 年邵阳县域经济基本竞争实力在湖南县域经济排名中整体靠后，仅邵东市进入湖南县域基本经济竞争力前 20 强（排名第 13 位）。邵阳县域经济平均水平与湖南十强县相比，地区生产总值仅为湖南十强县平均水平的 22.32%，地方财政收入仅为湖南十强县平均水平的 19.28%，农民人均纯收入和城镇在岗职工平均工资分别是湖南十强县平均水平的 36.1%和 48.8%。

二、工业化水平低，产业层次不高

长期以来，邵阳是全国商品粮的重要生产基地，第一产业占有很高的比重，农业经济特征明显。近年来，邵阳加快推进工业化，县域产业结构发生明显变化，但与经济强县相比，仍有较大差距。2016 年，湖南十强县非农产业比重为 91.6%，而邵阳仅为 78.5%。从邵阳县域经济发展现状看，其才进入工业化初期阶段，工业基础薄弱。2016 年，邵阳县域规模以上工业企业共有 951 家，平均每县只有 106 家，而湖南十强县中的最后一名的津市市 2016 年规模工业企业数达到了 350 家，而同期邵东市规模工业企业数只有 314 家①。

---

① 数据来源：根据各地区统计年鉴计算得到。

三、产业结构不够优化，第一产业占比偏高

总体来讲，邵阳县域经济产业结构虽然有所改善，但还是不尽合理，第一产业过重，第二产业不强，第三产业滞后的格局仍未得到根本改善，产业结构升级缓慢，综合竞争力不强，有几个县仍具有典型的农业经济特征。以邵阳最发达的邵东市为例，2016 年邵东市三次产业结构为 15.4∶46.0∶38.6，而同期长沙县三次产业结构为 5.8∶65∶29.2。邵阳县域经济发展从产业内部结构看，一是农业比重大，产业化水平较低。邵阳是传统的农业大市，虽然近些年在农业结构调整方面做了大量工作，但是传统农业依然占据主要位置，现代农业、绿色农业、生态农业、优质高效农业所占比重相对较低。二是工业技术含量低，资源依赖性强。邵阳县域工业以中小企业为主，技术水平低，产品附加值不高，终端产品少，市场占有率低，核心竞争力不强，对县域经济贡献份额小。三是传统服务业比重大，现代服务业发展缓慢。邵阳第三产业主要以传统的流通和服务业、机关事业单位为主，为现代工业、农业服务的金融、通信、信息等新兴第三产业比重较低，对经济发展的服务支撑作用较弱。

四、县域投资不足，城镇化水平偏低

2016 年，邵阳县域城镇化率平均水平为 43.3%，分别比全省平均水平（52.7%）和全国平均水平（57.7%）低 9.4 个和 14.4 个百分点，城镇化水平偏低已成为县域经济发展的重要瓶颈。县域公共服务供给不足，基本公共服务均等化保障水平仍然较低，城乡发展差距较大，农村基础设施和公共服务设施建设滞后。例如，在生活垃圾无害化处理率方面，邵阳处于全省较低水平，特别是邵阳贫困人口多，许多属于完全丧失劳动能力或部分丧失劳动能力的贫困人口和农村“五保户”、残疾人员，邵阳脱贫任务艰巨。

第三节　邵阳县域经济面临的难题及破解难题的对策

一、面临的主要难题

在经济新常态下，国内经济步入“L”形增长阶段，邵阳县域经济发展仍有一些瓶颈制约亟待打破。

（一）增长速度明显放缓，提质增效升级当有作为

笔者通过调研了解到（见表 8-1 和表 8-2），邵阳各县（市、区）的发展

速度普遍放缓，2014 年全市 12 个县（市、区）的增速都在两位数以上，到 2015 年有 4 个县（市、区）的增速跌破两位数，到 2016 年则只有邵东市、隆回县、新宁县和武冈市保持 10%以上的增速。过去发展速度更快的县（市、区），现在发展速度降幅往往更大，遇到的困难也更多。例如，双清区、北塔区的地区生产总值增速由 2012 年的 14%回落到 2016 年的 8%。我们要科学把握发展规律，正确认识阶段性特征，走科学发展、可持续发展和包容性发展之路，适应速度和结构变化，坚持以提高经济发展质量和效益为中心，强化“质量关切”，用过去拼速度的那股劲儿来追求高质量。

表 8-1 “十二五”期间邵阳各县（市、区）地区生产总值

单位：亿元

年份	双清区	大祥区	北塔区	邵东市	新邵县	邵阳县	隆回县	洞口县	绥宁县	新宁县	城步县	武冈市
2012	93. 16	91. 95	23. 23	228. 98	85. 91	90. 31	105. 11	102. 86	56. 58	60. 65	25. 70	90. 47
2013	104. 65	103. 86	25. 73	254. 27	94. 94	99. 45	112. 17	113. 32	62. 27	67. 21	27. 26	95. 42
2014	117. 36	116. 30	28. 59	282. 80	106. 51	111. 35	126. 07	125. 68	69. 05	75. 41	30. 15	107. 06
2015	128. 17	127. 54	31. 17	310. 11	116. 64	122. 77	140. 12	137. 45	75. 04	84. 14	33. 54	119. 42
2016	139. 04	139. 54	33. 66	340. 17	127. 20	132. 83	154. 47	151. 14	81. 39	93. 04	36. 37	132. 24

表 8-2 “十二五”期间邵阳各县（市、区）地区生产总值增速

年份	双清区	大祥区	北塔区	邵东市	新邵县	邵阳县	隆回县	洞口县	绥宁县	新宁县	城步县	武冈市
2012	0. 14	0. 14	0. 12	0. 13	0. 14	0. 11	0. 13	0. 14	0. 13	0. 14	0. 11	0. 14
2013	0. 12	0. 13	0. 11	0. 11	0. 11	0. 10	0. 07	0. 10	0. 10	0. 11	0. 06	0. 05
2014	0. 12	0. 12	0. 11	0. 11	0. 12	0. 12	0. 12	0. 11	0. 11	0. 12	0. 11	0. 12
2015	0. 09	0. 10	0. 09	0. 10	0. 10	0. 10	0. 11	0. 09	0. 09	0. 12	0. 11	0. 12
2016	0. 08	0. 09	0. 08	0. 10	0. 09	0. 08	0. 10	0. 10	0. 08	0. 11	0. 08	0. 11

（二）资源环境约束加剧，转变发展方式迫在眉睫

长期以来，受“速度情结”“资源情结”的影响，拼环境、拼资源、拼土地、拼资金的粗放型发展已使生态环境问题十分突出，工业化和城镇化使工业污染和城市生活污染成为制约县域经济发展、社会稳定的重要因素。加快转变经济发展方式是破解资源环境约束的必由之路。邵阳各县（市、区）已正确认识到对资源环境保护的重要性和对资源环境过度依赖的局限性，将工作重心放在调结构、转方式上，致力于建设资源节约型、环境友好型社会，使县域经济步入可持续发展轨道。

（三）新旧动能加速转换，新的增长亮点正在形成

在经济新常态下，培育新动能和改造传统动能，形成双轮驱动是治本之策。邵阳各县（市、区）坚持创新驱动，根据自身特点发展特色产业，做大

做强主导产业，改造提升传统产业，扶持发展战略性新兴产业，电子商务、乡村民俗旅游等以新产业、新模式、新业态、新产品为代表的新经济动能成为亮点，对经济转型升级的带动作用进一步显现。

（四）城乡差距仍然较大，统筹协调发展任重道远

城乡一体化发展是经济社会发展的必然趋势。尽管多年来，通过“以城带乡”“以工促农”等工作机制大大缩小了城乡差距，但农村地区仍然是发展“短板”，不管是从经济总量看还是从群众收入来看，农村均远远落后于城市。当前，邵阳要着力在农村地区的基础设施、公共服务和城镇化上取得突破，积极推进户籍制度改革，不断完善城乡户籍居民社会福利政策并轨制度，努力使农村居民享受与城市居民一样的社会保障和公共服务，缩小城乡差距。

（五）社会治理难题增多，基本公共服务亟待完善

县域经济发展与县域社会发展是分不开的。随着时代的进步和社会的发展，群众的诉求也在发生变化，当前经济发展进入攻坚克难关键期，一些征地拆迁、项目建设、企业改制、涉法涉诉等新情况和新问题不断出现，加之在过去多年高速发展中积累的深层次矛盾日益凸显，直接制约着县域经济的发展。在实体经济收缩和财政收不抵支的严峻形势下，政府增强职责，增加公共服务供给，创新公共服务提供方式，提高公共服务共建能力和共享水平，增加群众收入，完善社会保障政策，加大脱贫力度，让民生诉求落地有声。

二、破解县域经济发展难题的对策和建议

（一）以结构调整推动产业升级，厚植新型工业优势

1. 扩大有效投资，推动项目升级

邵阳要保持“招大引强”的开放定力，依托土地、原材料、劳动力等生产要素的自然禀赋和“二中心一枢纽”建设的政策优势，围绕国家政策导向、县域“十三五”规划和产业市场需求加强项目策划包装，注重引进成科技含量高、辐射带动强、经济效益好的大项目和好项目。“十三五”期间，邵阳要坚持以市场为导向，立足产业基础，运用先进的工业技术、信息技术等着力优化食品、装备制造、轻工、建材四大产业，从产业链的各个环节进行提升，重视高附加值产品的产出，重视企业核心竞争力的构建，使优势性支柱产业得以发展壮大。

2. 明晰主导产业，推动区域协调发展

邵阳东部要围绕新型工业重点发展生产性服务业，西部要围绕生态旅游重点发展生活性服务业，瞄准临空经济、高铁经济、保税物流、现代金融等新业

态，建设新兴服务业新平台，拓展邵阳发展新空间，推动城市做大做强。

3. 着力扶优培强，推动企业成长升级

邵阳要坚持“壮大”与“育苗”并举，大力推动项目资金、要素保障、服务力量等要素资源向重点企业倾斜，按照“催生一批、做强一批、招引一批、衍生一批”的原则，在狠抓规模以上工业发展的同时，遵循企业成长规律，实施加快推进邵阳工业新兴优势产业链方案，进一步“补链”“强链”“延链”，精心打造10个上下游关联、横向耦合发展、具有综合竞争力的工业新兴优势产业链，支持一批企业走“专精新特”之路，支持一批企业兼并重组、做大品牌，打造工业转型升级的“集团军”，推动企业成长升级，形成产业发展的新动能。

4. 做实集聚平台，推动园区基础升级

邵阳要制定园区投融资规划，加强金融创新，突破瓶颈制约。邵阳可以组建产业发展基金和城市建设发展基金，为县域重点产业和重点园区拓宽融资渠道。积极推进县域工业园区的交通、电力、给排水、通信等基础设施建设和中小企业孵化器等公共服务配套设施建设，提高产业承载能力。邵阳力争到2020年年底工业园区面积达152平方千米，园区固定投资达1 000亿元，5年累计投资达4 000亿元，实现技工贸总收入3 400亿元，年均增长15%以上，其中园区规模以上企业达到1 000家，规模以上工业总产值达2 615亿元，规模以上工业增加值达752亿元；园区规模以上工业总产值占全市规模以上工业总产值的比重由2015年的68.3%增加到79%；园区高新技术产业增加值达400亿元，战略性新兴产业增加值达200亿元；工业园区总产值超过百亿元的园区超过90%。湘商产业园区力争5年内建成450万平方米标准厂房。各园区每万元生产总值能耗、每万元生产总值水耗、主要污染物排放量等节能减排指标控制在国家和省下达的目标范围内。

（二）以质效并进引领农业转型，提升农业现代化水平

1. 培育规模化的市场主体

邵阳要加快土地登记、确权和发证工作，加快土地流转，坚持土地流转育主体、开放招商引主体、政策扶持强主体，积极发展规模种养大户、家庭农场、合作组织，努力形成主体引领、规模经营、技术集成、高产高效的现代农业发展新格局。

2. 发展多元化的新型业态

邵阳要大力推进农村三次产业融合发展，适应市场消费导向，积极发展“农业+食品”“农业+旅游”“农业+电商”等新业态新模式，着力延伸产业

链，提升价值链，拓宽增长链。同时，邵阳要做好农产品品牌的规划和布局，不断完善各类标准，突出绿色、有机、品牌，组建大型农产品加工企业，大力发展特色农产品精深加工，重点扶持省级农业龙头企业，培育在全省、全国同行业有较高知名度的大型企业，推动农产品加工业集群发展，扩大优势产品的生产规模，提高现代农业附加值。邵阳要加快农业产业园区建设，推动农业产业链向第二产业和第三产业延伸拓展，加快现代农业与旅游业融合步伐，打造形式多样、特色鲜明的休闲农业和乡村旅游产品，创建现代农业示范区和现代农业示范园。

3. 构建便捷化的流通网络

县域是最重要的农产品生产和加工基地，邵阳要加快本地农产品批发市场建设，积极创新营销方式，通过现代流通网络，快速抢占大中城市市场，最大限度地扩大农产品市场占有率。邵阳要积极培育各种形式的流通组织，壮大农村营销人才队伍，发展各种专业市场、综合批发市场、集贸市场，形成功能齐全的商品流通体系，改变县域市场与城市大市场脱节的状况。

（三）以扩容提质主导城镇发展，加速新型城镇化进程

1. 协调发展，推进城乡一体的城镇化建设

邵阳要坚持城乡一体、协调发展、共建共荣，构建起以城区为龙头、以中心城镇为支撑、以特色镇为节点、以农村新型社区为基础的“一主多翼、区域组团、多极支撑、多元带动”新型城镇化发展格局。邵阳要积极探索县城管理体制改革，增强县城发展活力。邵阳要突出发展壮大县城产业规模，发挥县城对县域经济的辐射带动作用，以工业集中区为载体，以农产品加工、特色资源开发和承接产业转移为重点，促进资金、技术、人才、管理等生产要素向县城流动，将县城打造成县域经济增长的主引擎、承接产业转移的主阵地、对外开放的主窗口。邵阳要完善城区功能，加快旧城改造，推进新城新区建设，引导交通市政等基础设施和教育医疗等公共服务资源向县城布局，将县城建成农业转移人口就业、居住和生活的重要载体。

2. 设施先行，推进功能完备的城镇化建设

合理配置城镇资源，利用好国家棚户区改造、新型城镇化建设等政策机遇，抓好城镇尤其是省级或市级重点镇、旅游名镇的水、电、气、暖、路和生活垃圾处理设施以及集贸市场建设，加强老旧基础设施改造，积极改善城镇生态环境。邵阳要重点推进布局合理、设施配套、功能齐全、环境优美的城镇建设，培育一批功能齐全、特色鲜明的中心镇。邵阳要根据资源条件和区位特征确定各地的职能定位，加强城镇特色引导和塑造，保护好地方特色和历史风

貌，强化经济基础，完善产业布局，形成服务和带动周边乡镇发展的片区中心。

3. 共建共享，推进以人为本的城镇化建设

邵阳要完善农村居民进城落户政策体系，做好财政转移支付、建设用地指标和农业转移人口市民化挂钩的相关工作，引导财力物力重点向基层投放、向农村及贫困地区倾斜、向社会弱势群体惠及，推动城镇化成果普惠于民、造福于民、方便于民。

（四）以改革创新激活发展动力，加快推进供给侧结构改革

1. 推进体制创新

邵阳要进一步清理、合并和取消一批行政审批事项，能简则简、能放则放，努力让市场主体有平等竞争的机会，不能将市场准入审批作为职能部门的权力。邵阳要着力改变“重审批，轻监管”“以批代管”现象，加强事中事后的监管。例如，环境保护问题，邵阳要加强项目投产后的监管，一旦企业违规造成环境污染，必须进行严厉处罚，要使企业违法成本高于非法所得。

2. 推进技术创新

邵阳要用高新技术改造提升传统产业，加快企业技术改造、装备升级步伐，推进技术改造与产品升级、产学研合作、产业链提升、淘汰落后产能“四个同步”。邵阳要加大科技孵化、科技研发、科技信息化、科技培训、科技政策激励等支持力度，着力培育创新主体。

3. 推进要素创新

邵阳要引进担保集团、银行、证券公司等金融机构落户县域，支持县域企业进军资本市场，进一步拓宽金融渠道。邵阳要设立重大项目扶持流动资金，完善市、县两级工业企业担保贷款风险补偿金制度，推广运行政府和社会资本合作（PPP）模式。邵阳要大力实施“人才强县”战略，建立基层人才引进和激励机制。加强对县级领导干部进行市场经济知识的培训，完善容错纠错防错机制，鼓励各级党员干部大胆干事创业，营造有利于改革创新、敢试敢闯的良好氛围。

第九章　邵阳县域经济竞争力评价

第一节　县域经济竞争力评价指标体系

一、县域经济竞争力评价指标体系的构建

（一）建立综合评价指标体系的原则

建立综合评价指标体系应当遵守的具体原则如下：

1. 完备性原则

完备性意味着综合评价指标体系的信息量既必要又充分，由若干指标构成一个指标的完备群。从理论上讲，对一个统计指标的完备群来说，多一个指标就会造成信息的重叠和浪费，而少一个指标就会造成信息的不充分。最理想的状态是每一个指标反映县域经济发展的某一个层面，各个指标相互独立，构成一个多维空间，空间中的每一个指标代表着县域经济发展的一个状态，从而使综合评价指标体系能够客观反映县（市）社会经济运行的特点，充分揭示各地区社会经济发展的内在规律。

2. 可比性原则

县域经济在各地区之间发展很不平衡，差异性大。因此，评价指标体系应尽量采用可比性较强的相对量指标和区域间具有共性特征的可比指标，将综合性的价值指标、平均指标和相对指标三者相结合运用。同时，可比性原则要求必须明确评价指标体系中每个指标的含义、统计口径和范围，以确保时空上的可比性。

3. 代表性原则

评价指标要具有较强的鉴别能力，即该指标用来区分不同地区社会经济发展水平高低的能力。在评价时，鉴别力的大小具体表现为地区间指标值的差异大小。

4. 可行性原则

可行性包括可计量性和可操作性。可计量性是指这些指标包括的内涵可以进行定量描述，通过对各个地区的社会经济发展状况做定量分析，从而反映不同地区间发展的不平衡性。可操作性是指在选择指标时既要考虑到指标体系的完整、科学，又要从实际出发，尽可能选择现行统计报表中可以取得资料的指标。也就是说，这些指标不宜过多、过细，否则非常庞杂，给数据的搜集、整理和计算带来很大困难，使分析无从下手。

（二）县域经济竞争力的指标评价体系筛选与构建

县域社会经济发展的根本特征在于它是多种因素共同作用的体现。影响县域社会经济发展的因素很多，根据前面所拟定的原则，笔者在选取指标时，确定了如下着眼点：发展水平、发展活力和发展潜力。发展水平主要反映县（市）的发展程度，包括经济发展规模、产业结构、经济发展水平等方面；发展活力主要反映县（市）的发展能力，包括经济发展速度、贸易、外资、投资等；发展潜力主要反映县（市）的发展后劲，包括资金、基础设施建设、文化教育水平等。

1. 反映县域经济发展水平的指标

反映县域经济发展水平首先必须考虑经济发展规模，这方面的指标包括地区生产总值、地方财政收入、工业企业增加值、工业企业个数、社会消费品零售总额。产业结构是反映县域经济发展水平的重要方面，也是其竞争力的重要基础。这方面选用的指标包括第二产业比重（第二产业产值/地区生产总值）、非农产业劳动力比重（第二产业和第三产业劳动力/全社会劳动力）、工业增加值占地区生产总值比重等。除总量指标外，县域经济的发展水平还体现在有关的相对指标上。为此，笔者选择了包括人均地区生产总值、人均地方财政收入、农民人均纯收入、每百户居民电话拥有量、非农人口占总人口比重以及规模以上工业企业平均产值等指标。

2. 反映县域经济发展活力的指标

县域经济发展活力首先反映在发展速度上，因此笔者选用地区生产总值增长率。另外，县域经济发展活力又体现在该地区的贸易上，作为这方面的指标体现，笔者所用的指标为社会消费品零售总额。县域经济发展活力还与投资和就业息息相关，因此笔者选用了包括新增固定资产投资完成额和人均新增固定资产投资完成额、人均年末各项贷款余额等指标。

3. 反映县域经济发展潜力的指标

县域经济发展必须有充分的财力支持，财政与储蓄的有关指标可以反映这方面的信息。笔者所选的指标包括地方财政收入占国内生产总值的比重、地方财政收入、人均城乡居民年末储蓄存款余额。这三个指标从总量上反映县域经济的财力状况。此外，笔者还选择了包括年末人均金融机构各项贷款余额、机关人数占就业总人数比重以及居民储蓄存款余额占地区生产总值比重等相对指标来反映可以得到的财力支持潜力。其中，年末人均金融机构各项贷款余额和居民储蓄存款余额占地区生产总值比重反映的是民众的富裕程度，可以反映县域财力对其经济发展的可能达到的比例。

二、县域经济竞争力评价方法

在指标体系确定以后，需要解决的问题是如何把这些指标综合起来，得出县（市）社会经济竞争力的综合指标。在对县（市）社会经济发展总水平进行综合评价时，首先需要对数据进行加工处理，使其具备可比性，然后再进行综合评价。这里，我们采用动态熵权 TOPSIS 方法对邵阳县域经济进行评价。

（一）熵权法

熵权法是一种客观的赋权方法，不受评价主体的主观意志左右，具有精度高、客观性强的特征。本书通过引入熵权法，对横向的评价指标维度和纵向的时间维度进行加权，并与传统的 TOPSIS 法结合，对地方政府绩效进行更客观科学的评价，为促进地方政府绩效的提升提供决策参考。

1. 横向评价指标熵权

假设评价体系含 n 个评价对象、m 个评价指标，我们首先对原始数据 $X=(x_{ij})_{n\times m}$ 进行归一化处理，得数据矩阵 $B=(b_{ij})_{n\times m}$。其中，对于正向指标，取 $b_{ij}=\frac{x_{ij}-x_{\min}}{x_{\max}-x_{\min}}$；对逆向指标，取 $b_{ij}=\frac{x_{\max}-x_{ij}}{x_{\max}-x_{\min}}$；对中性指标，取 $b_{ij}=\frac{|x_{ij}-x_{obj}|}{x_{\max}-x_{obj}}$，$x_{\max}$（$x_{\min}$）表示同一评价指标下不同对象的最大（最小）值，$x_{obj}$ 表示中性指标的目标值。指标熵为 $E_j=-\frac{1}{\ln(n)}\sum_{i=1}^{n}(f_{ij}\ln f_{ij})$。各评价指标的熵权为 $\omega_j=\frac{1-E_j}{m-\sum_{j=1}^{m}E_j}$，其中 $f_{ij}=\frac{b_{ij}}{\sum_{i=1}^{n}b_{ij}}$。

2. 纵向时间熵权

静态评价只针对单一时刻的指标值进行评价，这种静态的“以点带面”的评价方法不能充分体现“事物总是处于运动状态”的哲理。我们有必要对不同时刻的评价结果进行综合考虑。

假设评价对象经历了 $t_1, \cdots, t_k$ 时间段，不同时点的评价结果包含的信息并不完全等同，时间权重就可以反映对不同时刻评价的重视程度。在此，我们先定义时间熵权 I 和时间度 λ 。

$I = -\sum_{i=1}^{k} w_i \ln w_i$ 。w_i 表示 t_i 时刻的时间权重，可以通过（9-1）式得到。

$\lambda = \sum_{i=1}^{k} \frac{k-i}{k-1} w_i$ 。λ 体现对时序的重视程度，取值越小，表明评价者越注重近期样本数据，反之则相反。

在给定时间度 λ 的约束下，我们通过求解如下非线性规划问题，得到各时刻的时间熵权。

$$\begin{cases} \max[-\sum_{i=1}^{k} w_i \ln w_i] \\ s.\ t.\ \lambda = \sum_{i=1}^{k} \frac{k-i}{k-1} w_i \\ \sum_{i=1}^{k} w_i = 1,\ 0 \leqslant w_i \leqslant 1 \end{cases} \tag{9-1}$$

（二）TOPSIS 法

TOPSIS 法的基本思想是，从规范化处理后的原始数据中，找出多个目标的最优和最劣目标，并计算各评价对象与最优和最劣目标的距离，获得评价对象与最优和最劣目标的贴近度，按此进行排序。贴近度取值位于［0，1］，取值越大，评价结果越好。动态 TOPSIS 法的步骤如下：

（1）对趋势化处理后的指标值按（9-2）式进行静态值与动态增量的加权。

$$a_{ij}(t_q) = \theta a_{ij}^{*}(t_q) + (1-\theta) a_{ij}^{**}(t_q),\ q = 1, \cdots, k \tag{9-2}$$

其中，$a_{ij}^{*}(t_q) = \frac{X_{ij}'(t_q)}{\sqrt{\sum_{q=1}^{k}\sum_{i=1}^{n} X_{ij}'(t_q)}}$，$X_{ij}'(t_k)$ 为 t_k 时刻评价对象 i 的第 j 个指标经过趋势化处理后的值；$a_{ij}^{**}(t_q) = \frac{\Delta X_{ij}'(t_q)}{\sqrt{\sum_{q=1}^{k}\sum_{i=1}^{n} X_{ij}'(t_q)}}$，$\Delta X_{ij}'(t_q) = X_{ij}'(t_q) - X_{ij}'(t_u)$，$t_u$ 是指定的参照时刻，t_u 可以属于或不属于 $\{t_1, \cdots, t_k\}$ 。若 $t_u \notin \{t_1, \cdots, t_k\}$，则数据 $X_{ij}'(t_u)$ 不参与评价。$\theta \in [0, 1]$ 称为协调系数；$\theta = 1$ 表示只考虑评价指标在各时刻的静态值；$\theta = 0$ 表示只考虑指标的增量值。

（2）确定各评价对象的最优和最劣目标。

$$\begin{cases} A^{+}=(a_{i1}^{+},\ a_{i2}^{+},\cdots,\ a_{im}^{+}),\ a_{ij}^{+}=\max\limits_{1\leq i\leq n,\ 1\leq q\leq k}[a_{ij}(t_q)] \\ A^{-}=(a_{i1}^{-},\ a_{i2}^{-},\cdots,\ a_{im}^{-}),\ a_{ij}^{-}=\min\limits_{1\leq i\leq n,\ 1\leq q\leq k}[a_{ij}(t_q)] \end{cases} \tag{9-3}$$

（3）不同时点各评价对象与最优目标和最劣目标的距离。

$$\begin{cases} D_i^{+}(t_q)=\sqrt{\sum\limits_{j=1}^{m}\omega_{jq}\,[a_{ij}^{+}-a_{ij}(t_q)]^2} \\ D_i^{-}(t_q)=\sqrt{\sum\limits_{j=1}^{m}\omega_{jq}\,[a_{ij}^{-}-a_{ij}(t_q)]^2} \end{cases} \tag{9-4}$$

ω_{jk} 为评价指标 j 在 t_k 时刻的指标权重，根据 $\omega_j=\dfrac{1-E_j}{m-\sum\limits_{j=1}^{m}E_j}$ 计算获得。

（4）不同时点各评价对象与最优目标的贴近度。

$$C_i(t_q)=\frac{D_i^{-}(t_q)}{D_i^{+}(t_q)+D_i^{-}(t_q)} \tag{9-5}$$

$C_i(t_q)$ 取值越大，表示被评价对象 i 在 t_q 时刻的评价值越贴近最优目标值，即越优。

（5）根据时间加权算子 TOWA 计算被评价对象的综合评价值。

$$h_i=\sum_{q=1}^{k}w_q C_i(t_q) \tag{9-6}$$

其中，$w=(w_1,\cdots,\ w_k)$ 为时间权向量，通过解（9-1）式得到；h_i 表示被评价对象 i 的动态 TOPSIS 综合评价值，取值越大评价结果越好。

第二节　邵阳县域经济竞争力评价实证分析

一、评价指标

结合经济竞争力的内涵，本书主要从以下六个方面对县域经济竞争力进行评价：

（一）资源因素

资源因素是影响县域经济竞争力的重要因素之一，对处在同一发展阶段的地区，拥有自然资源与区位优势就更有利于增强经济竞争力。随着科学技术的进步，自然资源优势正逐渐减弱，特别是单一非再生资源的长期使用甚至可能对经济竞争力产生负面影响；相反，区位优势是地方价值体系和竞争力的最初来源，其重要地位很难动摇，因此在自然优势方面笔者只设置森林覆盖率、人均耕地与人均可利用水资源等二级指标，而在人力资源、基础设施等方面笔者设置人口密度、城镇化率等定性与定量指标。

（二）制度因素

制度对经济竞争力起着重要的保障与促进作用，只有科学先进的制度，才能保证竞争力的不断提升。因此，笔者设置了非国有经济在县域总产值中的比重、非国有经济就业人数占城镇就业人数的比例、流动人口占常住人口的比重、非国有经济贷款占金融机构贷款的比重等指标。

（三）产业战略因素

产业是经济发展的载体，产业战略是经济产业竞争的重要因素之一，它体现在产业发展定位、产业集聚、产业关联、产业链、产业结构、产业竞争战略等方面。因此，笔者设置了主导产业产值占地区生产总值（GDP）的比重、主导产业能源消耗强度、规模企业产值占 GDP 的比重、研发投入占 GDP 的比重、工业固定资产利税率、废水治理率、废气治理率、第二产业和第三产业占 GDP 的比重等。

（四）科技文化因素

科学技术是第一生产力，科技文化是现代竞争力的最重要体现，发展县域经济也是如此。科技离不开人、离不开投入，县域科技文化投入的多少和从事科技活动人员的多少与县域科技活动规模大小和水平高低息息相关。因此，笔者设置了初等教育师生比、邮电业务总量占县域 GDP 的比重、教育经费占县域 GDP 的比重、科技人员占总人口的比重等指标。

（五）政府因素

经济发展离不开政府的能动作用。政府的公共管理水平和服务效率是影响经济产业竞争力的重要方面。县域之间的竞争，一个重要方面的是在县域的发展思路和战略上竞争，在体制和政策上的竞争。因此，笔者设置了机关人数占就业总人数的比重、财政支出占 GDP 的比重、财政收入占 GDP 的比重等指标。

（六）对外因素

在开放的经济社会，没有一个区域经济体能离开外部区域实现较好的发展。由于数据与资料的可获得性，笔者设置了外来投资占固定资产投资的比重、出口占县域 GDP 的比重两个指标。

县域经济竞争力评价指标体系如表 9-1 所示。

表 9-1 县域经济竞争力评价指标体系

目标	一级因子	二级因子
县域经济产业竞争力	资源竞争力	人口密度 城镇化率 人均耕地（亩/人） 人均可利用水资源（立方米/人） 森林覆盖率
	制度竞争力	非国有经济在县域总产值中的比重 非国有经济就业人数占城镇就业人数的比例 流动人口占常住人口的比重 非国有经济贷款占金融机构贷款的比重
	产业战略竞争力	主导产业产值占 GDP 的比重 主导产业能源消耗强度 规模企业产值占 GDP 的比重 研发投入占 GDP 的比重 工业固定资产利税率 废水治理率 废气治理率 第二产业和第三产业占 GDP 的比重
	科技文化竞争力	初等教育师生比 邮电业务总量占县域 GDP 的比重 教育经费占县域 GDP 的比重 科技人员占总人口的比重
	政府竞争力	机关人数占就业总人数的比重 财政支出占 GDP 的比重 财政收入占 GDP 的比重
	对外竞争力	外来投资占固定资产投资的比重 出口占县域 GDP 的比重

二、竞争力评价

笔者在构建上述评价指标体系和选取 2015—2018 年样本数据的基础上，运用动态 TOPSIS 法对邵阳县域经济发展竞争力进行动态评价。具体评价步骤如下：

（1）根据 $\omega_j = (1 - E_j)/(m - \sum_{j=1}^{m} E_j)$，计算各评价指标权重。

（2）以 2015 年数据为基准，取 $\vartheta = 0.6$（认为指标增量值更重要，更能体现经济发展潜力），根据（9-2）式至（9-5）式计算各县（市）经济发展状况的动态 $C_i(t_k)$ 值。笔者通过专家咨询，取 $\lambda = 0.2$，运用 Lingo 软件解优化问题（9-1）式，得时间权重向量 $w = (0.0902, 0.0877, 0.1538, 0.6683)$，并代入（9-6）式得综合评价值 h_i（见表 9-2）。

表 9-2　邵阳县域经济发展竞争力动态评价结果

（括弧内数字表示当年或综合排名）

评价对象	2015 年 $C_i(t_1)$	2016 年 $C_i(t_2)$	2017 年 $C_i(t_3)$	2018 年 $C_i(t_4)$	$\lambda=0.2$ 综合值 h_i 及排序
邵东市	0.582 9（1）	0.583 8（1）	0.584 2（1）	0.594 7（1）	0.593 6（1）
新邵县	0.440 9（3）	0.479 2（3）	0.466 3（3）	0.482 0（2）	0.468 1（2）
隆回县	0.483 6（2）	0.480 2（2）	0.425 7（4）	0.456 8（3）	0.456 5（3）
洞口县	0.434 9（4）	0.447 2（4）	0.469 9（2）	0.430 1（4）	0.438 2（4）
武冈市	0.368 4（6）	0.375 6（6）	0.363 4（6）	0.408 9（5）	0.395 8（5）
邵阳县	0.380 8（5）	0.419 9（5）	0.366 7（5）	0.370 6（7）	0.369 2（6）
新宁县	0.362 1（7）	0.343 3（9）	0.341 4（7）	0.381 0（6）	0.368 7（7）
绥宁县	0.356 9（8）	0.347 6（8）	0.336 6（8）	0.369 5（8）	0.358 2（8）
城步县	0.322 6（9）	0.372 9（7）	0.318 0（9）	0.359 8（9）	0.351 2（9）

（3）为了和动态评价结果比较，笔者在表 9-3 中给出了各县（市）经济竞争力的静态（取 $\vartheta=1$，即只考虑“当前”指标值，不考虑指标的增量）评价结果，括弧内数字表示当年静态评价排名。

表 9-3　邵阳县域经济发展竞争力静态评价结果

（括弧内数字表示当年排名）

评价对象	2015 年 $C_i(t_1)$	2016 年 $C_i(t_2)$	2017 年 $C_i(t_3)$	2018 年 $C_i(t_4)$
邵东市	0.633 6（4）	0.661 9（1）	0.648 8（1）	0.668 0（1）
新邵县	0.651 3（1）	0.652 2（2）	0.641 0（3）	0.657 4（2）
隆回县	0.642 0（2）	0.648 5（4）	0.642 9（2）	0.648 4（3）
洞口县	0.628 1（5）	0.635 4（5）	0.631 7（4）	0.637 3（4）
武冈市	0.635 4（3）	0.648 6（3）	0.613 6（5）	0.620 1（5）
邵阳县	0.592 3（8）	0.586 6（8）	0.578 0（9）	0.606 8（6）
新宁县	0.615 6（6）	0.620 4（6）	0.612 3（6）	0.597 6（7）
绥宁县	0.600 8（7）	0.613 5（7）	0.603 8（7）	0.583 8（9）
城步县	0.577 2（9）	0.531 5（9）	0.601 8（8）	0.591 7（8）

从表 9-2 和表 9-3 的评价结果来看，邵阳县域经济竞争力的动态评价结果和静态评价结果存在较大的差异。

从评价结果表 9-2 中可以发现，各县（市）经济发展绩效的综合排名和“当年”排名并不完全相同。例如，在四个评价年度中，武冈市的绩效“当年”评价排名分别是“6、6、6、5”，邵阳县的绩效“当年”评价排名分别是“5、5、5、7”，初看起来似乎邵阳县的经济发展绩效优于武冈市，但实际上武冈市的经济发展绩效在相对稳步提升，而邵阳县的经济发展绩效却在相对下降，综合评价正是考虑了这种“绩效波动”因素，因此武冈市的经济发展绩效动态评价综合排名是第 5 位，反而优于邵阳县的综合排名（第 6 位）。类似的情况也出现在新邵县和隆回县。由此看来，考虑了“绩效波动”的综合评价相比只考虑“当前”状态的单一年度评价更客观和科学。

三、邵阳县域经济竞争力的时间演化和空间特征

综合比较表 9-2 和表 9-3 的逐年经济发展绩效评价得分，各县（市）的经济发展绩效得分相对稳定或呈现上升趋势，说明邵阳县域经济发展在逐步提高，施政策略在逐步完善。根据表 9-2 的动态评价结果可知，邵东市、新邵县、隆回县、洞口县的经济发展绩效评价得分均在 0.4 以上，排名相对靠前，而且绩效排名波动不大，进一步说明这四个县（市）的经济发展相对稳定。这可能受益于其较好的发展基础和良好的交通条件；武冈市、新宁县的经济发展绩效也有提升的趋势；绥宁县和城步县地处邵阳西部地区，无论是经济基础还是交通条件都相对落后，它们每年的绩效排名则相对靠后，但从其绩效得分来看，仍有所提升。

第十章　邵阳县域经济竞争力提升策略

第一节　邵阳县域经济发展方向及重点

从山东、江苏、浙江三省发达县域的经济发展模式来看，自然条件对县域经济发展的影响较弱，沿海与内陆的区位优势差异、资源优势差异并非制约县域经济发展的关键因素。县域经济成功发展模式的关键在于，如何充分利用好自身的县域优势，通过移植发达县域的成功经验弥补县域发展的弱势，进而提升县域经济发展水平。就邵阳县域经济发展而言，其除了要在借鉴外来经验的基础上利用好自身资源优势外，更重要的是结合自身的特点，确定未来的发展方向和发展重点。

一、邵阳县域经济未来的发展方向

（一）发展开放型县域经济

市场经济条件下的县域经济必须以市场为导向。市场是开放的，不是封闭的，没有国界，更没有县界。县域经济是现代经济，不是“诸侯经济”，必须在更大的区域内进行资源配置，跳出县域范围发展经济，确立竞争优势，不能画地为牢，在小圈圈里搞“鸟笼经济”。经济发达县，有一条普遍的经验：发展县域经济应把培育支柱产业、培育专业市场与实施“走出去”战略紧密结合起来，顺应经济市场化、国际化的大趋势，按照比较优势原则和开放型经济的思路来提高区域块状经济的发展水平。

以邵东市为例，其最大的成功之处就在于走出了一条以外向型经济为主要特色的发展道路，走出了一条外向带动、后来居上的发展之路。早在 20 世纪

80~90 年代，邵东市就开始大力吸引民间资本，发展外向型经济，迅速实现经济总量的扩张和产业结构的升级，使一个传统的农业县一跃成为经济繁荣、生活宽裕、环境优美的新兴工商县（市）。如今，邵东市通过“兴工强县”战略的实施，使工业成为县域经济的支柱，第二产业增加值占地区生产总值的比重提高到 50%。邵东市的工业布局趋于合理，龙头企业、骨干企业的支撑效应进一步显现。焦炭、打火机、服装针织、小五金、铝制品、皮具、农产品加工七大产业竞相发展，做大做强，为邵东市经济的腾飞插上了翅膀。邵东市的焦炭产业以高品位、高质量享誉省内外，5 年内可实现年产量 200 万吨，向国家缴纳税收 2 亿元。邵东市的打火机出口到欧洲、非洲、亚洲等国际市场，占邵东市出口额的 70%，为邵东市第一大出口产业。邵东市的小五金产业在突破传统生产工艺后，产品产量飞速发展，成为邵东市出口的第二大产业。黄花、中药材成为邵东市第三大出口产品。邵东市的其他产业在国际市场上的配额也会越来越大，品质不断提高，成为外向型经济的重要组成部分。

（二）发展特色化、多样化县域经济

县是一个特定的地理空间，并与其历史人文、特定资源相关联。尽管邵阳县域经济发展不平衡，但是我们看到县域经济具有鲜明的地方特色，呈现多样化发展。每一个成功的县域经济都有其显著的特点，有的“一县一品”，有的“一县多品”，如特色农业、特色工业，或者是特色出口贸易、特色矿产资源产业，或者是特色旅游业……它们的经验告诉我们：发展县域经济应结合县域实际，在人无我有、人有我新、人少我多、人多我特方面下功夫，建立具有产业优势的特色经济，要从根本上打破县就是农、农就是粮的老模式。

以新宁县为例，其文化旅游资源独具特色，旅游资源分布广、集聚性强、组合度高、社会旅游资源丰富、产业旅游资源突出、人文底蕴深厚以及在历史人物、民俗风情、文物古迹、民间文化等方面拥有很高的独具地方特色的艺术价值与品位，在旅游经济发展中具有不可估量的作用。新宁县已创建了独具特色、数量众多的旅游品牌。崀山是世界自然遗产、国家级风景名胜区、国家 AAAA 级旅游景区、国家地质公园。《湖南省“十二五”旅游发展规划》提出，要突出张家界、崀山两大世界遗产品牌，并把崀山作为突出建设的九大国际旅游精品之一。邵阳市委、市政府提出将邵阳建设成为世界著名的旅游胜地，充分肯定了崀山的地位。近年来，新宁县委、县政府紧紧围绕“一个目标、两个抓手、三大项目、四项工作”的工作思路，以特色县域经济强县为依托，着力推进全县旅游产业发展转型升级。新宁县大力实施“旅游立县、产业强县、文化兴县、开放活县”的发展战略，并以建设中国旅游强县为目标，以规划为引领，以园区为载体，以绿色生态为向导，以推进项目建设、市场开拓为依托，以科技与人才为保障，强劲推进文化旅游特色县域经济建设。新宁县先后投入财政性资金16亿元，同时发挥财政整合资金的“引爆”作用，吸引社会资金50.7亿元，总计66.7亿元，用于文化旅游基础平台、产业配套、产业融合、生态环境等45个项目的建设。

（三）发展民营化县域经济

民营经济是改革开放过程中出现的新生事物，具有竞争性、灵活性、广泛性、多元性的特征。实践证明，县域经济民营化是一种机制灵活、潜力巨大的经济发展模式，是激活生产要素、解放和发展生产力、提升县域经济水平的发展战略。县域经济民营化主要体现为所有制结构多元化、利益分配要素化、生产经营社会化、产品生产标准化等。例如，邵东市区位优势并不明显，也没有太多资源优势，其快速发展主要得益于民众千家万户办工厂，千军万马闯市场，以个体户、私营企业为主的私营经济迅猛发展。邵东市大力发展个体私营经济，在县域经济范围内形成了全国规模的药材市场和小五金市场，个体私营经济提供了90%以上的县域财政收入。

二、邵阳县域经济未来的发展重点

（一）打造核心竞争优势

邵阳应适应创新型发展新趋势，坚持统筹兼顾的原则，把县域作为民营经济发展的重要载体，培育主导产业，形成产业集群，协调推动工业化、信息化、城镇化、农业现代化同步发展。邵阳应以信息化为带动，加快由资源要素投入驱动转向创新驱动，加速信息化技术与科技成果向现实生产力转化；以农业现代化为方向，深入推进农业标准化建设，坚持发展高效生态农业。邵阳市以工业经济发展“一核一带多点”的空间布局为契机，做大做强县域经济。

（二）大力培植特色产业

邵阳应以新型工业化为依托，培植壮大主导产业，发展一批规模优势突出、功能定位清晰、集聚效应明显、辐射带动力强、财政贡献率高的主导产业。邵阳应集中扶持一批重点镇或中心镇，发挥小城镇发展资金的示范引领作用。邵阳应鼓励和支持县域根据主体功能区划和产业布局要求，结合当地资源禀赋、区位条件、产业基础等因素，加快培育乡镇（街道）特色产业。邵阳应统筹产业园区布局建设，创新管理模式，围绕探索实施土地开发利用的空间置换机制，支持符合条件的县（市）建立“飞地经济”示范园区，鼓励实施“飞地”税收分成政策。

（三）加快资本市场培育

邵阳应深入推进县域金融创新发展试点工作，探索建立农村产权评估、收储、流转、处置服务平台，促进农村抵押物创新。邵阳应鼓励银行业机构扩大林权抵押贷款，探索开展大型农机具、农村土地承包经营权和宅基地使用权抵押贷款试点。邵阳应健全订单农业信贷担保机制，拓宽多元化融资渠道，引导符合条件的涉农企业上市或利用债务工具开展直接融资，鼓励商业银行发行涉农和小微企业专项金融债。

（四）强化生态文明建设

邵阳应坚持以人为本、生态优先，加快建设资源节约型、环境友好型社会。邵阳应充分发挥生态环保的引导作用和建立倒逼机制，实行资源有偿使用制度和生态补偿制度，大力发展循环经济和节能环保产业，培育以低碳排放为特征的新的经济增长点，促进县域形成节约能源资源和保护生态环境的产业结构、增长方式、消费模式。邵阳应强化节能减排责任制，完成节能减排约束性目标。

第二节　提升邵阳县域经济竞争力的主要策略

提升县域经济竞争力，并不是抛弃已有的东西。相反，改革开放 40 多年来形成的经济建设成就，正是培育核心竞争力的基础。提升县域经济竞争力，必须依托资源优势，科学谋划战略举措，形成规模经济和范围经济，对现有的产业进行改造。我们必须抓牢“加快发展”这一主题，加快发展是县域经济各项工作的主旋律，是确保县域经济在新一轮的区域竞争中取得主动、赢得先机、实现跨越式发展的唯一途径。只有始终把发展作为第一要务，县域经济才能不断壮大总量、提升实力、增加竞争力，才能解决好前进过程中的困难和问题，实实在在提高人民群众生活水平。

一、利用当地资源优势，发展特色经济

明确“走特色路”，县域经济就是特色经济。选准并坚持一条适宜本地发展的路子是县域经济发展的关键所在。这就要求各地在发展战略的选择上，必须坚持从本地实际出发，充分发挥比较优势，把比较优势转化为竞争优势，把资源优势转化为发展优势，大力发展特色经济，并形成经济特色。走“特色”之路，要注意坚持三个原则：一是延续性。各地要一张蓝图绘到底，一任接着一任干，不断推进。二是全局性。各地要跳出县域看县域，用世界的眼光、全

局的思维来审视自身的优势和特色，从全省、全国乃至全球经济发展的新格局、新趋势中找准自己的“特色”所在。三是规模性。各地在选准“特色”产业后，要千方百计促其扩张、裂变和规模化发展，使特色经济产业化，逐步形成由几个特色产业为主导的县域特色经济框架，最终实现以特色产业带动县域经济社会的整体大发展。

邵阳所辖各县（市）自然资源丰富，交通便利，具备发展特色经济必不可少的条件。因此，邵阳可以以产业结构调整为主线，培养壮大特色产业，积极发展县域经济，提升县域经济竞争力，实现邵阳经济跨越式发展。邵阳除了产业资源富集外，还具有鲜明的特点，有的产业已经形成了气候。例如，邵东市的小五金产业、箱包产业、药材产业，隆回县的金银花产业，洞口县的食品加工业，新宁县的旅游业等。因此，邵阳各县（市）可以发挥各自的比较优势，走“一县一主导产品、一县一主导产业”的路子，大力发展特色产业，壮大县域经济。从邵阳总体情况来看，其已经具备了把农业、林业、加工制造业、旅游业做大做强的有利条件。

二、瞄准产业优势，打造主导产业

邵阳应大力推动结构调整，不断优化产业结构、产品结构，既是提升县域竞争力的核心，也是加速县域经济发展的重要手段。县域经济产业调整要坚持在农业稳定发展的基础上，把加快第二产业和第三产业发展放在优先地位，努力提升第二产业和第三产业的档次、规模和水平。第三产业作为县域经济中最具发展潜力和最能代表发展方向的一个产业，其发展水平如何，直接关系一个地方的经济质量和发展活力。

工业化是县域经济不可逾越的发展阶段，工业的发展能够较快地增加地方财税收入，支持其他产业的发展，繁荣县域经济。县域工业发展，一是要抓好项目建设，把项目建设作为经济工作和工业强县的重要载体，靠项目吸引投资，靠项目推动工业化进程。项目建设要做到梯次发展，储备一批，建设一批，开发一批，谋划一批，确保项目建设不断档、不停步。二是要做大做强现有企业，培育支柱产业。三是要建好工业基地，完善工业基地的配套设施，吸引资金、信息、人才和先进管理方式等生产要素，加快形成区域经济布局的规模效应。

农业是县域经济的基础。解决“三农”问题、增加农民收入，必须坚持以工业化的理念来发展农业，提高农业的质量和效益。一要加快农业结构调整，正确处理增产与增收的关系。邵阳应通过市场引导农民自主经营，从而实现增收致富。二要加快农业产业化进程，提高农业的附加值。邵阳应壮大农业产业化基地，培育农业龙头企业，建立健全农产品市场销售体系，形成农产品的区域化、特色化和产业化生产。三要培育农业品牌，提高农产品的转化率。四要加大劳动力转移力度，拓展农民致富的渠道。邵阳的农业发展要坚持走“城郊特色化”的发展路子，坚持都市化取向，大力发展集农业生产与旅游观光为一体的观光休闲农业、生态农业、体验农业；坚持产业化经营，围绕特色花木果蔬和畜牧两大主导产业，培育龙头企业；扩大非农化就业，开展技能培训和服务，多渠道、多形式输出劳务，鼓励引导农民走出农村、走出农业，进城进厂，务工经商。

邵阳各县（市）的产业优势较明显，特别是主导产业效益较好。因此，培育和发展特色主导产业，是邵阳县域经济发展的关键。邵阳应发挥区域优势，顺应市场需求，培育特色产品，发展壮大特色主导产业，优化资源配置，最大限度地挖掘资源潜力，形成农村经济新的增长点；突出产业的个性特色，增强在省内外甚至国内外市场的竞争能力。瞄准产业优势，发展县域经济是发展特色主导产业，促进农民增收、农业增效、县域经济发展的成功之路。

三、瞄准产业品牌，实施规模经营

土地是规模经营的基础，龙头企业是规模经营的核心，把土地集约作为规模经营发展重点来抓，把培育龙头企业作为突破口，加快推进规模经营，全力构筑特色经济新的战略平台，可以从更高层次上谋求邵阳县域经济的大发展。邵阳应吸引实力企业、大集团参与邵阳农业、林业等精深加工，引进、培育一批龙头企业，推进工业的发展。同时，邵阳应培育一批实力雄厚的企业做大做强旅游业、金融业和服务业。邵阳应坚持一手抓品牌、一手抓规模，以品牌参与竞争、开拓市场、带动产业发展，实施规模扩张，发挥规模优势，增加市场份额，取得规模效益，增强防范市场风险的能力。同时，邵阳要加快特色产业基地建设，围绕特色创名牌、名牌争效益、效益带规模的原则实现区域化布局、集约化发展、规模化经营，取得品牌和规模效益，提高市场竞争力。

四、瞄准产业竞争力，强化产业品质

优越的环境是县域经济加快发展的重要保障。要努力做好三个方面的工作：一是大力维护社会安定；二是积极转变政府职能，做好服务；三是整顿市场经济秩序，为企业创造公平的竞争环境。品质是产业的核心竞争力，邵阳应注重产业质量，把品种、品质结构调优作为打造品牌和壮大特色产业的核心，以质取胜，实现速度与结构、质量与效益的统一。面对新形势，邵阳必须下大

力气抓好农产品的质量安全管理，在加强标准化建设、完善质量监管手段、组织标准化生产等方面实现突破。

五、瞄准产业集群，延伸产业链条

经济聚集是开放经济的必然趋势，邵阳应通过加速“城乡一体化”实现县域产业集群发展。邵阳交通条件优越，毗邻长株潭城市圈，容易接受城市辐射，加快城镇化建设具有得天独厚的优势。在城镇建设上，邵阳提出了“东部城市群、西部生态圈”的发展战略，逐步推进远郊农村城镇化、近郊农村城市化、城乡建设一体化、人居环境现代化。在广大农村，邵阳集中力量办好修路、整街、植树、建园、办气、改水“六件实事”，大力优化广大农民群众的生产生活环境，切实提高群众生产生活质量。要提升邵阳县域经济竞争力，必须利用一切资源，促进经济互补，在更大范围内实行经济的开放和融合，促进产业集群发展，充分利用山、水、林的优势，延伸产业链条。

六、激活“开放”和“民营”两大动力

县域经济发展的主体在民营，活力在开放。县域经济要发展，必须把扩大开放、发展民营经济作为一项战略选择。在扩大开放方面，邵阳要努力争取国家、省的资金投入；要引导和协调金融部门加大对县域经济发展的投入；要大力招商引资，吸引外资投入；要筹措民间资本，鼓励民间投入。在发展民营经济方面，邵阳要予以政策支持，进一步完善鼓励民营经济发展的政策措施；要做好服务，杜绝对民营经济不必要的行政干预和限制，积极为民营经济发展排忧解难；要加强引导，鼓励支持民营企业开发起点高、科技含量高、附加值高、市场竞争力强的“三高一强”产品，不断提高技术装备水平，扩大企业规模，增强发展后劲。

七、强化党的建设

提升县域经济核心竞争力，必须大力加强党的基层组织建设，努力提高各级领导干部指导、服务当地经济发展的能力和水平。一要加强基层党组织建设。邵阳要注重对领导干部的教育，提高领导干部执政和促进发展的能力，切实提高基层党组织的战斗力和凝聚力。二要推进素质教育，大力发展教育事业，为提升县域经济核心竞争力提供坚实的智力保障。三要大力实施人才战略，积极培养和引进高素质人才。邵阳要建立良好的用人机制，以事业、待遇、感情引人、用人、留人。

第十一章　邵阳县域经济高质量发展路径

第一节　依托资源优势推动产业转型

进入新时代，县域经济转型发展就必须有新思路、新战略、新机制、新举措。县域经济要适应新时代的发展要求，就必须遵循时代规律。在当前经济发展高质量要求下，邵阳县域经济发展模式应该改变以往依靠资源消耗为主的发展模式，必须转型发展。邵阳在县域经济转型发展路径选择时，应该以创新、协调、绿色、开放、共享五大发展理念及科学发展观为指导，重点在于转方式、调结构，将经济高质量发展和经济转型发展有机结合，真正做到在高质量发展中促进转型，在转型中谋求高质量发展。但是，邵阳也应该认识到县域经济在不同的发展阶段有其阶段性特征、阶段性发展模式，选择的发展路径也不尽相同。当前，邵阳根据县域经济发展的特征及县域产业优势，促进县域经济高质量发展、促进县域经济转型发展的重点在于实现县域经济农业现代化、工业化、城镇化以及县域经济结构的调整。

一、县域经济结构转型

随着改革开放 40 多年的发展，邵阳县域经济发展迅速，但也存在一些问题，如县域经济总量不大、工业产业还相对落后、农业产业化程度还没有达到一定高度、城镇化水平与同类地区相比依然较低。推进县域经济结构转型，必将有力地促进县域经济结构、产品结构、产业结构、消费结构等实现转型升级，最终实现县域经济由量变向质变的转变。但是，在推进经济结构转型发展的过程中，邵阳要始终遵循经济结构调整在微观上以市场为导向，在宏观上以政府行政命令为指导的基本规律。因此，明确经济结构调整的基本方向与路径对推进县域经济高质量发展十分重要。就县域经济发展而言，邵阳要具体做到如下几个方面：

（一）确立产业重点

经济结构调整的基本理论前提是确定县域经济发展的战略重点。目前，邵阳各县（市）选择战略重点的情况并不一致，有以第一产业为战略重点的，也有以第二产业为战略重点的，还有以第三产业为战略重点的。近年来，邵阳通过农业产业发展政策调整，着力打造“一县一业”“一乡一特”“一村一品”，全市范围内农业特色产业有了长足发展，邵东市的药材、隆回县的金银花、新宁县的脐橙、城步县的南竹，都成为县域经济发展的重点。这些县应该在现有基础上进一步打造产业特色，并依托网络平台进行产品宣传，依托电子商务渠道进行产品推介。城步县、新宁县的旅游产业近年来有很大发展，其应该以高速铁路、高速公路建设为契机，与省内外旅游风景区和名胜古迹区联合规划精品旅游路线，进一步确立旅游产业发展方向和发展重点。总之，新时代邵阳县域经济高质量发展应该结合当地资源、人才和产业优势，遵循以第一产业为发展基础，以第二产业和第三产业为突破口，三次产业协同发展的模式。统计数据表明，近年来，邵阳第一产业对经济增长的贡献率逐渐降低，第二产业和第三产业尤其是第三产业对经济增长的贡献率较大，因此邵阳县域经济要实现现代化，就必须要大力发展第三产业。

（二）农业是县域经济的基础

自古以来，邵阳就是一个以农业为主的大市，三次产业都和农业有着极大的关联，邵阳县域农业人口占总人口的80%以上，农业在邵阳县域经济中依然处于基础性地位。邵阳各县（市）、特别是西部县（市）中，支柱产业和基础产业仍然是农业，财政收入的最重要来源也是农业收入，农业是保障人民基本生活条件的基础，是县域经济建设的出发点。因此，实现邵阳县域经济高质量发展，农业产业高质量发展是基础，发展县域经济的重要任务是实现农业现代化，应该把发展农业经济和加快实现农业现代化放在重要的位置。

（三）发展特色经济

邵阳各县（市）的资源禀赋、自然条件、经济发展水平参差不齐，各具优势和劣势，面临的机遇和挑战也不尽相同，在发展过程中也往往各有特色。例如，邵东市因药材而闻名，隆回县盛产金银花，洞口县的蜜橘享誉全国……各县（市）可以围绕这些资源而发展经济，这些县（市）都选择发展具有比较优势的产业。怎样把握机遇，以特色经济促进县域经济腾飞，是邵阳县域经济发展过程要认真研究的一个重要课题。发展特色经济，首先应该找准各县域的特色，深挖各县域的特色，丰富特色的内涵，在充分论证的基础上，将县域特色转化为县域特色经济。邵阳各县（市）要不断发展壮大特色经济，拓展特色经济，实现县域特色产业全产业链、大规模化生产，更多地创造就业机会。邵阳各县（市）要不断扩大特色经济在市场上的份额，通过发展特色经济，实现县域经济的跨越式发展。

二、县域经济工业化转型

无农不稳，无工不富，无商不活。县域经济发展的关键和重点是大力发展县域工业，工业化是县域经济发展的长期任务，是农业现代化的基础。把农业产业化与工业化、传统工业化与新型工业化有机结合起来是县域经济工业化转型的有效途径。

（一）县域工业化以农业产业化为重要依托

关于农业产业化的提法，国内有专家持有异议，认为农业本来就是产业。其实不然，原因主要有三：第一，农业产业化是农民的创造；第二，农业产业化是约定俗成的，已成为中国经济中的“流行词”；第三，农业产业化有确切的含义，那就是中国特色。农业产业化是以工业化为理念，运用物质技术手段和经验管理方法来经营农业，即实现农业市场化。县域工业化和农业产业化相互影响，一方面，县域内农业产业化是工业化的依托，由于缺乏资金、人才、技术等资源因素，只能从县域土地和劳动力等优势资源出发，以农业产业化推动县域工业化发展；另一方面，县域内工业化是农业产业化的推动力，县域工业化为农业产业化发展提供人才、资金和技术等要素服务。邵阳县域工业化发展以农业产业化为重要依托的事实，既符合邵阳县域经济发展的实情，又符合省、市确定的发展战略要求。

（二）把传统工业化与新型工业化有机结合起来

2019年，邵阳市委、市政府提出实施“制造强市”的发展战略。“新型工业化”绝不是一句口号，尤其是在西部农村地区，必须从现实条件出发，不能脱离各地工业化的实际，不能脱离现有工业化的基础，更不能与现有工业化相对立。走新型工业化之路，要在传统工业化的发展基础上，遵循资源节约型、环境友好型发展要求，运用先进的科技，以传统工业推进新型工业化发展，以新型工业化带动传统工业化，把传统工业化与新型工业化有机结合起来。推进县域新型工业化道路，可以从以下几个方面入手：第一，坚持以特色产业为导向整合和发展区域产业。在现阶段的县域经济发展中，邵阳要注重将传统产业与现代管理和技术相结合，创造具有竞争力的特色产业和特色产品。第二，邵阳要重点解决县域内工业企业融资难的问题，完善县域内金融体系，使金融机构本土化，促进直接融资与间接融资协调发展。第三，邵阳要重点推进民营经济发展，改善民营经济发展环境，提高政府服务经济的能力，为民营经济发展创造基础平台。第四，邵阳要坚持创业型经济发展与招商引资同步发展。第五，邵阳要积极推动产业创新升级，增加技术创新投入，通过先进的技术、设备和工艺，提高产品质量，推进技术进步。

三、县域经济农业转型

农业现代化是县域经济的必由之路，要实现县域经济的转型发展，各地可以依托其资源禀赋，选择适合当地的现代农业发展模式，根据变化了的内部和外部环境，创立现代化农业生产方式，建立现代化农业组织管理制度，通过农业现代化发展县域经济，不断促进县域经济可持续发展。党的十九大报告提出，“促进农村一二三产业融合发展，支持和鼓励农民就业创业，拓宽增收渠道”，为新时代解决好“三农”问题指明了路径。邵阳农村特色文化、民族文化和地域文化十分厚重，但县域经济层次低是邵阳经济发展的一大短板。因此，创新乡村旅游发展模式，不但能提高农业附加值、实现农民就业和自主创业，而且还能调整农村产业结构、转变农业发展方式、培育县域经济增长点。当前和今后一段时间，邵阳县域经济在农业转型发展过程中应重点做好以下几个方面的工作：

（一）发挥生态资源优势，发展“旅游+生态”模式

当前，乡村旅游发展面临难得的历史机遇，“旅游+”“生态+”已经成为农业供给侧结构性改革的重要内容。发展“旅游+生态”模式，就是要打造生态旅游项目，在城步县、新宁县等开发森林旅游，推进森林公园、林果采摘园、生态养生养老基地等项目建设；建设全域旅游的乡村生态游线路，实施生态循环工程，扶持生态文化村、生态文化示范社区、生态文化示范企业等建设项目，打造生态文明试验示范区，实现农村生态资源与乡村旅游的融合发展。

（二）拓展特色农业功能，发展“旅游+农业”模式

农业供给侧结构性改革要求拓展农业的多种功能，农业旅游是拓展农业功能的一种新型旅游模式。邵阳要发展“旅游+农业”模式，必须将农业文化创意作为乡村旅游发展新动力，通过建设农业文化体验基地、农业旅游示范区等创意农业项目，打造适应个性化、体验性和内涵丰富的农业旅游产品。邵阳要按照地域特色、产业特点发展集循环农业、创意农业、农作体验、文化企业、

休闲旅游、田园景区于一体的特色休闲农业，形成休闲观光农业产业带、现代生态农业产业带和体验农业产业带，推动湖南农业向三产化、旅游化方向发展。

（三）挖掘农村文化潜力，发展“旅游+文化”模式

邵阳民俗文化资源丰富，民俗文化在农村文化产业中占有重要位置。发展“旅游+文化”模式，必须以乡村景观、乡村环境、乡村建筑、乡村艺术等民俗文化资源为基础，通过民俗文化、农耕文化、牧业文化示范园区建设，把乡村古建筑修葺、特色民俗开发、景观小品营造、传统村落和传统民居保护等历史文化传承、开发与全域旅游发展结合起来，推进乡村特色旅游产品与文化旅游产品的互补，打造地方特色文化旅游品牌。邵阳要发展农村手工艺文化、农村戏曲和习俗文化、乡村观光旅游等产业形态，将乡村旅游节会、传统体育竞技比赛、特色农产品展览、民间传统演艺等文化创意产业与乡村旅游开发融合起来，实现民俗文化与乡村旅游的互动发展。

第二节　扩大开放合作推进科技创新

一、建立创新驱动机制

创新驱动是推动经济增长的动力和引擎，是加快转变经济发展方式的中心环节，更是强化新型工业化主导、持续构建现代产业发展体系的内在动力源泉。实施创新驱动发展战略，是邵阳转型发展的重要举措。多年来，在邵阳市委、市政府的高度重视和正确领导下，邵阳的创新环境逐步优化，创新能力显著增强，科技创新对经济发展的支撑作用进一步显现。但是，从总体上讲，自主创新特别是县域内自主创新可以说还没有起步，制约了经济社会的科学发展。

（一）建立创新驱动的需求导向机制，对接邵阳县域经济社会发展

实现创新驱动发展，最为关键的是促进科技与经济紧密结合，解决“两张皮”的问题，既要从经济社会发展中找准科技创新的主攻方向，又要把科技成果迅速转化为现实生产力，促进邵阳县域经济从资源消耗型增长转向创新驱动型发展，依靠技术进步和创新推动邵阳县域经济可持续发展。邵阳应面向地方经济建设主战场，把服务地方经济建设作为创新驱动的出发点和落脚点，把“政府最关心，企业最感兴趣，社会最需要”的问题作为科技工作的重点。地方经济建设的需要就是科技创新工作的内容，地方遇到的技术难题就是科技

工作攻关的堡垒。邵阳要扭转关门搞科研、与地方经济相脱节的被动局面，从自身科技创新能力的实际情况出发，以开展地方经济建设急需的应用技术研究为主，主动与地方经济发展接轨运行，不断增强创新驱动地方经济发展的能力。

（二）建立领导和协调机制，统筹和整合邵阳县域创新驱动工作

邵阳要加强顶层设计，探索建立政府部门的创新驱动协调机构，专司创新驱动的管理和指导，加强创新驱动工作的统筹协调。邵阳要整合科技资源，做好创新驱动的信息提供、协调组织、管理和评价等工作，促进科技资源优化配置、综合集成和高效利用，进一步发挥政府的推动和集成作用。邵阳要加强产学研之间的信息交流与沟通，提供各种有效的平台，推动产学研合作创新，形成知识创新和技术创新的互动。邵阳要经常关注、研究、讨论创新驱动中存在的问题，并提出具有针对性的措施。创新驱动不仅是科技部门的事情，还需要各个部门的配合。邵阳要突破科技部门的界限，在更高层次上进行整体设计，为创新驱动创造良好的外部环境和提供政策支持。为了提高政策的科学性、一致性、有效性和可操作性，政府要建立多部门联席会议制度，联合建立创新驱动机制。邵阳要从财税、金融、政府采购、知识产权保护、人才队伍建设等方面制定一系列政策措施，加强经济政策和科技政策的相互协调，形成激励创新驱动的政策体系。邵阳要优化政府财政投入结构，改进科研经费管理办法，提高使用公共科技资源的社会效益，扩大受益面。

（三）健全人才、知识产权和金融财政制度，支撑创新驱动

邵阳要健全人才管理机制，营造有利于激发创新活力的环境氛围。邵阳要坚持“人才资源是第一资源”的理念，在人才的培养、凝聚、使用、保护方面狠下功夫。邵阳要注重探索新时期人才培养规律，提高人才培养质量；坚持平等待人，真诚地对待人才、尊重人才，鼓励创新型人才自主思考，启发创新型思维；用事业留人，为人才搭好施展才华和实现抱负的舞台，让创新型人才有机会建功立业，为事业献身；用待遇留人，制定合理的分配原则，给予相应的报酬，让创新型人才能够安心工作；用感情留人，使创新型人才自觉自愿献智出力。邵阳要营造想干事、会干事、干成事的良好氛围，切实做到对创新人才政治上关心、事业上支持、生活上照顾、物质上优待，使创新人才觉得生活上幸福、无后顾之忧。

二、提高企业自主创新能力

县域经济作为国民经济的一个重要层次，是宏观与微观、工业与农业、城市与农村的结合点，是国民经济的基础，也是国民经济承上启下的特殊经济系

统。“郡县富，天下足”，发展县域经济对于全面建成小康社会具有十分重要的战略意义，而增强企业自主创新能力是县域经济发展的关键。

（一）为企业、院校牵线搭桥，促进产学研合作

为促进产学研合作的有效推进，邵阳应着重从以下几个工作环节入手：一是认真调研。要促成重大项目的合作是很难的，既有技术成熟度、资金投入问题，又有市场前景、利税问题，还有分配机制等问题，而情况摸得越透彻，合作的成功率就越高。二是应用产学研对接会等协调手段，与高校、科研院所建立广泛联系。政府部门应采用信息发布会、成果汇编、技术洽谈会等形式，大力宣传高校和科研院所的科技成果与技术，让有意向的企业充分了解信息，便于合作。三是牵线搭桥。邵阳应通过具体项目的合作来推进产学研的全面合作。对有意向合作的企业，无论合作条件是否成熟，政府部门都要热情接待，耐心解答相关问题，真正起到桥梁作用。四是协助解难。产学研合作遇到的问题很多，单靠合作双方本身去解决存在一定的困难，政府部门应积极协调，解决存在的问题，加快项目的推进。

（二）重点加强自主创新人才队伍建设

一是建立健全高层次专家人才的引进机制。邵阳应支持企业通过多种形式，从国内外高校、科研院所引进急需的高层次人才；可以通过完善其子女上学、家属就业、住房等配套政策以吸引人才到企业工作。以项目合作形式引进的人才，严格按协议提供经费和其他工作条件。二是完善人才培养机制。邵阳应结合企业的实际需要，协调、引导高等院校及职业院校加强与创新相关专业的课程设置和生源培养，为科研骨干队伍建设提供源源不断的人才支持，完善校企之间长期、稳定的人才定向培养模式。三是优化人才引进环境。邵阳应进一步发挥政策导向作用，出台并完善类似《关于引进高层次人才的规定》等政策，既要在社会上营造尊重知识、尊重人才的良好氛围，又要帮助企业在人才安置、待遇落实上解决实际困难。

（三）强化企业在自主创新中的主体地位

对人才、设备、经费有限的中小型企业，邵阳应采取引进技术的方式保障企业的发展，重点突出引进技术的消化、吸收以及改造。企业要注重研究本企业的技术创新方向，分析自身的优势和不足，找到自主创新的切入点。政府要强化对企业负责人的培训引导，组织企业负责人通过培训、座谈、考察学习等形式，增强自主创新意识，调动自主创新的积极性和主动性。邵阳应组织企业参与新技术和新产品发布会、科技成果推广演示会、科技工程项目招投标会等有关活动，以开阔企业视野，转变企业创新思维模式。

三、扩大科技开放合作范围

（一）搭建科技对外开放信息与交流平台

邵阳应建立科技交流与合作网络信息平台，集中展示高等院校、科技服务机构、高新企业、示范园区、示范基地等的优势资源，双向发布科技资讯、政策法规、科技展会、适用技术、科技成果等信息，实现科技信息资源开放共享，并开展区域内先进实用技术网上展示交易服务。邵阳应建立一批涉及科技政策、科研机构、科技中介机构、技术成果、项目合作、专利文献、专家人才等内容的科技资源基础信息数据库，提供便捷的科技交流与合作信息服务。

（二）推进产学研用协同创新

邵阳应支持企业联合高校、科研院所，建立新能源汽车等产业技术创新战略联盟以及高水平研发机构，支持产学研联合建设一批协同创新中心。邵阳应与国内外机构联合举办主题对接活动，促进产学研机构与国外研发机构的项目对接，巩固与拓展国际科技交流合作。

（三）营造科技开放交流与合作的良好环境

邵阳应以科技创新合作平台为依托，以重大创新创业合作项目为抓手，创新开放模式，拓展开放维度，全方位推进创新要素有序双向自由流动，促进资源高效配置和市场深度融合，构建开放、包容、均衡、普惠的科技创新合作架构，促进邵阳县域产业结构调整，实现产业优化升级，提高国际竞争力。邵阳应进一步贯彻落实研究开发经费加计扣除、高新技术企业认定及税收优惠、创业投资企业税收减免及鼓励技术引进等科技合作鼓励和支持政策，研究企业在邵阳设立研发中心、开展合作研发以及技术成果优先在邵阳转化与扩散的相关鼓励政策。邵阳应建立和完善科技合作项目与成果的评估和宣传机制，宣传科技合作基地建设和合作成效，提高科技合作影响力，形成开放合作的良好氛围。

第三节　优化要素投入落实绿色发展

一、落实绿色发展，补齐生态短板

（一）培育生态文明理念

习近平总书记在全国生态文明建设工作推进会议上对生态文明建设做出重要指示，强调树立“绿水青山就是金山银山”的意识。协调发展、生态发展和绿色发展既是理念，也是举措，我们必须在政策保障和贯彻执行上落实到位。这为当前中国正确处理人与自然、经济发展与生态保护的关系提供了理念遵循，强调了发展和生态都是主线和底线，我们要在生态文明理念和绿色发展理念的引领下，实现经济绿色转型和绿色发展。我们要实现经济的绿色发展，必须在全社会培育、强化和推行生态文明理念。我们必须正确引导人民群众对自然的认识，认识到人与自然的和谐统一关系，对自然客观规律要有正确的态度。人只有尊重、认识自然规律，合理利用自然规律，才能在尊重和利用客观规律的前提下，实现人和经济的全面发展。我们必须将人与自然、经济与生态和谐统一的生态文明理念融入自己的认识和实践中，把生态、绿色、健康的要求转化为内在的心理诉求，形成绿色发展、生态文明的价值理念和社会风尚，形成推进生态文明、实现绿色发展的新合力。

（二）积极培育和推行健康绿色的生活方式

我们应在全社会大力宣传和倡导节约、绿色、健康的生活方式，勤俭、低碳、文明的消费方式，在日常生活的细枝末节中体现绿色生态的生活方式，形成健康的价值理念和生活习惯。我们应在日常生活中广泛开展绿色生活的宣传和行动，自觉反对和不参与各种奢侈性消费。我们应引导公众购买绿色环保产品，实现绿色低碳出行，通过健康文明的绿色生活方式，营造绿色发展和生态发展的社会氛围，使绿色生态的消费和生活方式成为全社会的自觉理念与自主行动。

（三）建立绿色考评体系

实现绿色发展，需要转变束缚经济可持续发展的旧观念和旧理念，需要突破约束经济结构深入调整的旧政策和旧体系。因此，构建完备的生态文明制度体系和绿色发展制度体系，必须处理好政府与市场的关系，在发挥市场决定性作用的同时，坚定推进政府的职能转变，依法构建生态环境的治理方式，建立健全政府在生态文明建设和实现绿色发展中的体制机制。其中，一个重要的方面是建立绿色考评体系。我们应建立适应绿色发展的生态责任机制。政府对推进绿色发展负责，层层落实，并建立和完善自然生态环境损害追责制度。政府应开展制度改革试点，让那些损害自然生态者赔偿、自然生态环境受益者付费以及自然环境保护者得到合理的价值补偿。经济的发展方式在转变，市场的作用从基础性作用到决定性作用，那么政府的考核体系也要做到与时俱进，把绿色指标纳入考核体系之中。政府必须摒弃“唯 GDP 论”和“政绩工程”，进一步提升绿色指标和环境质量考核在政府考核体系中的权重，把保障人民的健康生存权和提高自然生态环境质量作为考核中更具约束力和制度性的指标。政府应发挥生态考核、绿色考核的导向作用，把绿色考核贯穿经济社会发展的始终，落实具体环节中的主体责任，完善政府考核方面的科学性和有效性。

二、坚持体制创新，发展新兴产业

（一）推动金融保险服务业的发展

邵阳应积极拓展银行、保险、证券等金融机构的业务，完善现代金融服务体系，重视互联网金融和金融科技，实现多层次资本市场的快速发展。

（二）发展乡村旅游业

邵阳应重点以新宁崀山、城步南山为中心，打造旅游精品线路，鼓励社会参与投资旅游基础设施建设和项目开发，特别要改善重点旅游景区的交通、通信、食宿、购物等条件。邵阳应进一步清理整顿旅游景点收费，加强旅游资源保护，特别是自然生态环境保护，强化旅游行业管理，规范服务，提高质量。邵阳应加大旅游形象宣传和促销力度，加强与省内外各旅游景区（点）和国内外旅游机构之间的联系与合作，建立和完善旅游服务网络，提高旅游产品在国内外的知名度和竞争力。邵阳应进一步开发名人故里、民俗风情、生态漂流等传统特色旅游项目，积极推出科技旅游、体育旅游、农业观光旅游、影视旅游、购物旅游等新型旅游品种，努力拓展国际旅游客源市场，激活国内大众旅游休闲消费市场。

（三）发展文化教育产业

邵阳应坚持社会效益与经济效益相统一的原则，鼓励社会各方力量兴办形式多样、富有地方特色的文化产业。邵阳应加强市场研究，实施精品战略，调整和优化民间艺术作品的品种结构，进一步扩大市场影响力。邵阳应运用资本运营等方式，突破行业、地区和所有制局限，促进文化艺术与教育、旅游、信息等相关行业之间的互相渗透与联合发展。邵阳应深化教育改革，全面推进素质教育。例如，邵阳应进一步调整现有中小学校布局，突破行政区划限制，相对集中办学；在确保义务教育健康发展的同时，调整现有教育体系结构，运用产业经济发展方式，大力发展高中、职业教育等非义务教育。邵阳应建立多渠道筹资机制，加快教育基础设施和配套设施建设，大力提高教育技术手段的现代化水平和教育信息化程度。邵阳应制定优惠政策，鼓励和支持社会力量以多种形式办学，扶持民办教育建设，尽快形成规模效益。

参考文献

[1] 李锦生，王浩，欠发达地区创新型经济发展路径探析［J］. 学术交流，2010（12）：71-73.

[2] 刘小龙，欠发达地区经济跨越式发展研究——以贵州省为例［D］. 贵阳：贵州大学，2015.

[3] 肖炜. 邵阳旅游业发展历史与现状分析［J］. 经济研究导刊，2013（13）：255-256.

[4] 罗立群. 湖南省邵阳市产业结构演进的实证研究［D］. 湘潭：湘潭大学，2012.

[5] 王周火，谢恒，湖南“两型社会”建设中的邵阳产业发展战略研究［J］. 邵阳学院院报，2011（6）：43-46.

[6] 唐启国. 邵阳市经济发展现状分析与创新驱动发展［J］. 邵阳学院学报，2012（5）：22-31.

[7] 朱叶. 基于组合模型的南疆区域经济发展趋势研究［D］. 阿拉尔：塔里木大学，2013.

[8] 唐晓旺. 欠发达地区城市经济可持续发展的瓶颈制约与破解路径［J］. 小城镇建设，2011（6）：81-83.

[9] 马骥. 构建宝庆工业走廊：邵阳经济跨越式发展的战略选择［J］. 商业经济，2012（3）：65-67.

[10] 贺文华. 区域经济发展差距的理论与实证分析——基于长沙与邵阳的比较［J］. 山东工商学院学院，2013（5）：12-19.

[11] 王德勇. 关于农业产业化几个理论问题的思考［J］. 农业经济，1999（1）：1-3.

[12] 尹成杰. 对农业产业化经营利益分配机制的思考［J］. 中国农村经济，1998（2）：13-17.

[13] 吴方卫. 关于农业产业化利益分配机制的几点制度经济学思考[J]. 农业经济，1999（10）：18-19.

[14] 林春财，葛立. 农业结构调整的实践与思考[J]. 农业经济，1999（10）：4-6.

[15] 陈若裕. 关于农业产业化一些重大问题讨论[J]. 社会科学动态，1999（7）：24-26.

[16] 杨先芬，等. 农业产业化利益分配机制研究[J]，农业经济问题，1998（11）：35-37.

[17] 候军岐. 论农业产业化的组织形式与农民利益的保护[J]. 农业经济问题，2003（2）：51-54.

[18] 吕鹏. 农业产业化中政府、企业、农户的互动与博弈[J]. 经济纵横，2003（8）：21-25.

[19] 李艳梅，等. 农业产业化中地方政府与龙头企业的博弈分析[J]. 西北农林科技大学学报，2004（1）：73-75.

[20] 张蕾，等. 林下经济是全面深化林改的新活力[J]. 林业经济，2011（3）：17-20.

[21] 曲格平. 探索可持续的新型工业化道路[J]. 环境保护，2003（1）：3-5.

[22] 方振兴. 新型工业化道路的区域模式研究[D]. 上海：上海交通大学，2011.

[23] 倪莎. 互联网金融背景下的农村信用社发展趋向分析[J]. 东方企业文化，2015（11）：292.

[24] 顾飞. 证券金融业务发展趋向及对策分析[J]. 财经界（学术版），2015（18）：10.

[25] 祁雪. 经济金融化趋向及其对我国金融发展的几点启示[J]. 现代经济信息，2015（13）：255-257.

[26] 杨建军，倪晶晶. 山区县域发展战略规划的思路和关键问题研究——以景宁畲族自治县为例[J]. 浙江大学学报（理学版），2011，38（1）：90-95.

[27] 姚余栋. 互联网金融是中国经济弯道超车的一个机会　将股权众筹打造成中国资本市场的“新五板”[J]. 中国经济周刊，2015（24）：22-23.

[28] 沈卿. 移动互联网时代企业内网应用接入平台[J]. 信息与电脑（理论版），2014（3）：154-155.

[29] 武玥，王铸东，杨晓璇. 跨境电子商务发展趋势及对我国外贸转型升级的促进作用 [J]. 商业经济研究，2015 (23)：63-65.

[30] 肖海霞. 出口信用保险对我国外贸发展的作用及新趋势 [J]. 企业导报，2014 (13)：16-17.

[31] 胡彬华. 金融发展与技术进步对国际贸易影响的实证研究 [D]. 成都：西南财经大学，2014.

[32] 贺文华. 民营企业融资困境与制度创新研究——以湖南邵阳为例 [J]. 东方论坛，2012 (2)：116-122.

[33] 周后卿，周琪. 高新企业科技创新的现状与对策研究——以邵阳为例 [J]. 科技和产业，2012 (4)：55-58.

[34] 朱建华. 农业产业化与金融支持关联性实证研究——以湖南省邵阳市为例 [J]. 广东农业科学，2010 (4)：310-312.

[35] 李坚，等. 湖南省邵阳地区民营经济发展的政策环境调研报告 [J]. 邵阳学院学报，2009 (1)：49-53.

[36] 李四聪，马骥. 欠发达地区民营经济政策的执行困境与建议——以湖南省邵阳地区为例 [J]. 邵阳学院学报，2014 (2)：64-67.

[37] 徐志明，等. 利益博弈与民营经济政策执行困境 [J]. 江海学刊，2013 (1)：95-100.

[38] 王敏. 从民营企业融资难看我国社会信用体系的完善 [J]. 商业文化，2011 (4)：277-278.

[39] STEFAN DERCON，JOHN HODDINOTT，TASSEW WOLDEHANNA. Growth and Chronic Poverty：Evidence from Rural Communities in Ethiopia [J]. Journal of Development Studies，2012 (2)：238-253.

[40] 许高峰. 民营经济发展及其在区域经济发展中的作用 [J]. 中国青年政治学院学报，2010 (3)：111-114.

[41] 厉以宁. 认识民营经济在国民经济中的作用 [J]. 中国物流与采购，2010 (4)：42-43.

[42] 马骥. 贫困地区民营经济发展影响因素的灰色关联分析——以湖南省邵阳市为例 [J]. 吉林工商学院学报，2015，31 (3)：5-9.

[43] 马骥. 贫困地区民营经济发展现状及影响因素的实证分析 [J]. 邵阳学院学报，2014 (6)：51-57.

[44] 彭贞贞，马骥. 贫困地区民营经济发展的制约因素及对策分析 [J]. 商业经济，2014 (22)：89-90.

[45] 李四聪，马骥.“经济新常态”下民营经济技术创新的机理与战略思考 [J]. 邵阳学院学报，2015（3）：67-71.

[46] 戴子刚. 江苏民营经济创新发展的战略思考 [J]. 中国科技财富，2010（12）：324-325.

[47] 周隽，王志强，沈月琴，等. 浙江山区县域经济社会协调发展评价 [J]. 浙江农林大学学报，2014，31（6）：965-973.

[48] 赵昊，李明贤. 基于互联网金融的小微企业融资问题研究 [J]. 财务与金融，2016（1）：22-26.

[49] 李婷. 中国民营企业融资问题与对策 [J]. 合作经济与科技，2016（2）：53-54.

[50] 徐志明，高珊，曹明霞. 利益博弈与民营经济政策执行困境——基于江苏省1087家企业的实证分析 [J]. 江海学刊，2013（1）：95-100.

[51] 朱坚强，韩狄明. 可持续发展概论 [M]. 上海：立信会计出版社，2012.

[52] 徐慧敏. 产业结构调整、产业集聚和安徽经济转型升级研究 [D]. 合肥：安徽财政大学，2015.

[53] 张辉. 农村经济发展方式转变策略分析 [J]. 社会科学，2016（4）：86.

[54] 禹新荣，谢恒. 县域经济产业竞争力研究 [M]. 北京：中国经济出版社，2012.

[55] 史贞. 中国县域经济综合指标评价研究——以山西省为例 [J]. 学术论坛，2014，37（1）：80-83.

[56] 马明，高宇璇. 县域经济自我发展能力评价指标体系构建——以山西省为例 [J]. 经济问题，2016（3）：112-117.

[57] 苏志明. 基于因子分析法的县域经济竞争力评价分析——以山西省为例 [J]. 生产力研究，2013（8）：105-107.

[58] 张丽. 基于因子分析和聚类分析的经济实力评价研究——以山西省各市区为例 [J]. 中国证券期货，2011（6）：40-41.

[59] 史彦虎，郭莉文，朱先奇. 基于改进的TOPSIS法的山西省市域经济综合实力评价 [J]. 经济问题，2013（3）：125-129.

[60] 于海云，赵增耀，李晓钟. 民营企业创新绩效影响因素研究——企业家信心的研究视角 [J]. 科研管理，2013，34（9）：97-104.

[61] 王新霞，柳春. 民营企业经营者的股东权力关联及其绩效影响研究 [J]. 当代经济科学，2016，38（5）：106-113.

[62] 王娟，王毅. 企业员工学历水平与企业创新绩效 [J]. 西安交通大学学报（社会科学版），2016，36（6）：40-46.

[63] 刘进，袁玎，揭筱纹. 产业环境、企业家战略领导能力与民营企业绩效——基于认知心理学视角 [J]. 科技进步与对策，2017，34（6）：75-80.

[64] 辛金国，关建清. 基于数据挖掘民营上市公司绩效评价研究探索 [J]. 中国管理科学，2012（S1）：114-119.

[65] 俞立平，张晓东. 基于熵权 TOPSIS 的地区高校科技竞争力评价研究 [J]. 情报杂志，2013，32（11）：181-186.

[66] WANG Z X, WANG Y Y. Evaluation of the Provincial Competitiveness of the Chinese High-tech Industry Using an Improved TOPSIS Method [J]. Expert Systems with Applications, 2014, 41 (6): 2824-2831.

[67] 杨珂玲，蒋杭，张志刚. 基于 TOPSIS 法的我国现代服务业发展潜力评价研究 [J]，软科学，2014，28（3）：130-134.

[68] 何秀芝，刘玥，李朝旗. 基于探索性空间数据的县域经济空间差异研究 [J]. 统计与决策，2015（16）：96-99.

[69] 杨革，于立凯. 基于 ESDA 的湖北省县域经济空间差异分析 [J]. 山东科学，2013，26（3）：104-110.

[70] 佘开勇. 新疆县域经济竞争力评价及空间差异研究 [D]. 乌鲁木齐：新疆财经大学，2014.

[71] 蒋天颖，华明浩，张一青. 县域经济差异总体特征与空间格局演化研究——以浙江为实证 [J]. 经济地理，2014，34（1）：35-41.

[72] 李博，石培基，金淑婷. 甘肃县域经济空间结构演化研究 [J]. 兰州大学学报（自然科学版），2013（2）：233-240.

[73] 王晓玲，周国富. 山西省县域经济发展差异的时空演化分析 [J]. 地域研究与开发，2013，32（3）：32-37.

[74] 许梦珂，顾光同，周杭. 基于空间面板数据的浙江县域经济差异测度 [J]. 中国集体经济，2013（21）：6-7.

[75] 张帅，孙建光. 新疆县域经济空间集聚模式及空间溢出机制研究 [J]. 新疆财经大学学报，2015（3）：23-29.

[76] 张学波，杨成凤，宋金平，等. 中国省际边缘县域经济差异空间格局演变 [J]. 经济地理，2015，35（7）：30-38.

[77] 崔永福，王俊凤，陶佩君. 河北省县域农村经济社会发展水平的空间差异分析 [J]. 广东农业科学，2014，41（14）：189-193.

［78］丁嵩，李红. 发达省份县域经济差异变动的时空分析——以广东为例［J］. 中国区域经济，2012（3）24-35.

［79］丁建福，王绍光，萧今. 中国县际经济差异的时空演变趋势：1997—2010［J］. 经济地理，2015，35（11）：15-20.

［80］周晓艳，安月平，李秋丽，等. 基于空间 Markov 模型的湖北省区域经济差异时空演变分析（1994 年~2012 年）［J］. 华中师范大学学报（自然科学版），2016，50（1）：105-111.

［81］权衡. 经济新常态与收入分配：影响机制、发展趋势和应对措施［J］. 中共中央党校学报，2017（5）：40-48.

［82］钟战新. 企业财务风险的成因与治理对策探讨［J］. 经济管理（文摘版），2018（7）：173.

［83］王诗雨，陈志红. 企业财务风险衍化及其产业效应——基于规制环境和竞争环境的双重情境分析［J］. 会计研究，2018（11）：56-62.

［84］郭婧，李心合. 宏观经济波动、高风险运营资产与企业债务结构——来自中国制造业上市公司的经验证据［J］. 财经科学，2019（7）：67-79.

［85］田建军. 新常态下小企业财务风险评估体系研究［J］. 财会通讯，2018（3）：114-118.

［86］李善花. 新常态背景下中小企业财务风险分析［J］. 时代经贸，2018（25）：25-26.

［87］袁中许. 均势型地方中心城市与县域经济的战略协整［J］. 社会科学研究，2014（4）：7-13.

［88］蔡洁. 缓解县域经济发展困难的建议［J］. 南京师大学报（社会科学版）2014（1）：18-20.

［89］李旭霞. 生态文明视角下县域经济发展路径的思考［J］. 山西财经大学学报，2015（S1）：11-12.

［90］刘戈，王明浩，王建廷，等. 城乡统筹背景下县域产业规划路径选择［J］. 城市发展研究，2015，22（2）：82-88.

［91］周金堂，张建清. 县域经济发展方式转变研究［J］. 江西社会科学，2014（2）：54-59.

［92］庞秀芳. 浅析县域经济发展中存在的问题及对策［J］. 社会科学，2016（4）：83.

［93］陈军. 中国后发地区县域经济发展与城乡居民收入决定因素分析［J］. 湖南社会科学，2014（1）：141-143.

［94］武靖国，毛寿龙．县域经济发展路径演进与政府治道变革［J］．学术界，2015（8）：24-37.

［95］宋国琴．论县域经济发展的三大基本要素［J］．山西财经大学学报，2014（S1）：10.

［96］尕藏才旦．促进西藏边境县域经济快速发展的新思考［J］．西藏大学学报（社会科学版），2014（4）：1-9.

［97］李月金．县域经济实现跨越式发展的突破路径——对建平县县域经济建设情况的调研［J］．社会科学，2016（1）：38-39.

［98］曹明霞，徐元明．县域农业综合竞争力的时空演化特征与提升策略——基于江苏省的实证分析［J］．现代经济探讨，2014（7）：44-48.

［99］王娟，张广海．城市群旅游区域场能测度与能级提升策略研究——以山东半岛城市群为例［J］．东岳论丛，2015，36（10）：138-145.

［100］王美霞，李民，周国华，等．武陵山片区县域经济空间格局演化与优化对策［J］．经济地理，2015，35（11）：45-53.

［101］李荣娟，黄承烈．县域环境与发展综合决策机制的创新路径——生态文明视角下［J］．学理论，2014（29）：35-37.

［102］王振华，李旭．技术进步、产业结构升级与县域经济增长——以辽宁省为例［J］．农业技术经济，2015（2）：68-75.

［103］张志民．中国民营经济产业结构演进研究［D］．厦门：厦门大学，2009.

［104］张广胜，王振华．县域经济增长中结构红利的测度及决定——基于中国1820个县面板数据的实证分析［J］．经济理论与经济管理，2014（6）：102-112.

［105］郭建华．湖南地方政府绩效评价及时空演化特征分析——基于动熵权TOPSIS方法的实证研究［J］．湖南师范大学社会科学学报，2016（5）：84-92.

［106］郭建华，王周火．中小民营企业绩效评价及提升路径研究——基于湖南30家中小民营企业的调查［J］．邵阳学院学报，2018（1）：21-27.

［107］汪增洋．增长、结构升级与城市经济对县域经济的辐射带动——基于长三角城市群外围区的实证研究［J］．云南财经大学学报，2014（3）：65-70.

［108］张智川．新常态下中国地方政府债务问题研究［D］．沈阳：辽宁大学，2017.

后　记

本书是笔者主持的湖南省教育厅重点课题“高质量发展战略背景下湖南民营企业技术创新与转型升级路径研究”（18A388）和邵阳市科技计划项目“新常态下邵阳民营企业科技创新与民营经济转型升级研究”（2018NS20）的阶段性研究成果。

本书分四篇进行编排，具体包括形势分析、战略研究、专题研究、调查研究，就邵阳县域经济和民营经济的发展现状、发展过程中面临的难题进行了研究分析，对新时代邵阳经济高质量发展路径和发展对策进行了深入探讨，既是上述课题的阶段性研究成果总结，也是未来研究的新开端。

本书的出版得到了邵阳学院经济与管理学院诸多同仁的大力帮助和支持，得到了邵阳学院科技处的资助，在此一并感谢！

由于各种条件的限制，书中错漏之处难免，敬请专家、学者批评指正。

郭建华
2020 年 6 月
于邵阳学院